I0694816

O autor

Domingos, nasceu em uma cidadezinha no interior de São Paulo, seu pai era mestre de obras e sua mãe professora primaria.
Dedicado totalmente em seu instinto auto didata, ao invés de brincar com outros garotos, preferiu devorar uma biblioteca inteira que sua mãe mantinha em sua residência. No entanto ele possuía um interesse que ao longo do tempo se transformou em vício, isso mesmo vício pelo aprendizado e cada livro daquela estante foi lido, estudado cada tema em sua profundidade.

Logo após quando completou doze anos, sua mãe lhe deu um violão de presente e disse que ele iria aprender a tocar para que pudesse tocar na igreja. Nunca aprendeu realmente, porém ficava encantado com as imagens pintadas nas paredes e tetos, isso lhe despertou uma vontade incontrolável de estudas aquelas obras, seus autores e suas culturas, aos 16 anos de idade ainda engajado pelo estudo, iniciou estudos sobre crenças religiões, seus conceitos, de onde vinhas e até mesmo sua ancestralidade foi devorada até a ultima folha da árvore genealógica, além dos estudos sobre hipnoterapia.

Aos 19 anos se casou e teve uma filha, hoje é divorciado quatro vezes mas possui apenas uma filha e duas netas. A busca pelo amor perfeito se deu pela ausência materna, pois sua mãe necessitava trabalhar muito e assim que se aposentou, entrou em depressão profunda e faleceu logo após seu pai.
Estando completamente só, começou a se dedicar as plantas ornamentais, estudos, animais, estudos, aquarismo, estudos, viagens, estudo, montanhismo, estudos e concluiu a formação em psicanálise, porém não satisfeito e percebendo que em todo lugar onde estava sempre sentia necessidade de outras pessoas, ele percebia que alguém precisava falar, desabafar e até mesmo em seu trabalho

quando havia uma situação extremamente critica ele abordava a pessoa e sem se dar por conta, conseguia entrar na mente da pessoa transtornada e em crise de surto, resolvendo a situação como se fosse mágica.

Professor e produtor teatral por longos dez anos.
Campista com um amor gigantesco pela natureza, alpinista, surfista, enfim, viveu tudo o que desejou viver e ainda vive
Foi durante a pandemia que se iniciou em 2019 que percebeu a facilidade de estudar online e como sua bronquite o impedia de trabalhar devido a comorbidade, foi afastado do cargo público e isso o estava enlouquecendo.
Foi ai que decidiu retomar os estudos cursando psicanalise se tornando psicanalista com mestrado e
escrevendo esta obra na tentativa de conseguir o doutorado.

Hoje é um assiduo em psicanalistas reconhecido na área e atua ajudando a pessoas carentes a desatar os nós do passado que os perseguem no presente, além de ser palestrante.

Sim, ele continua a estudar, segundo Domingos o aprender é eterno e jamais deve ser cessado, pois o verdadeiro sábio vive em busca do saber, o tolo pensa tê-la encontrado.
A sim e apenas lembrando que para aprender basta querer, Domingos escreveu este livro para doutorado em psicanálise e não pretende deixar os estudos enquanto viver.
Hoje com seus sessenta anos de idade e super apaixonado pela vida.

Agradecimentos

"É mui respeitosamente que venho agradecer ao psicanalista e diretor da SAPDH, Sociedade de Análises Psicanalista e Desenvolvimento Humano, Dr. Emerson Crispim e professor, e também ao professor conceituado, Dr. Rogério Santana, ambos doutores na área a quem estimo humildemente meu respeito e admiração e a quem dedico essa obra, pessoas altamente reconhecidas e qualificadas, que são tantas que é quase impossível recordar o nome de cada um, sem o qual não seria possível concluir esse material. Meus mais sinceros e cordiais agradecimentos a todos da SAPDH. Muitíssimo obrigado."

Um agradecimento especial ao Comandante da Guarda Civil Municipal de Espírito Santo do Pinhal, onde serve ha 28 anos com muito orgulho. Obrigado pelo incentivo MCT. Jean Carlos Pereira.

Este é um livro onde falo de maneira clara, sem muitos detalhes pois como o nome já diz é um despertar para a psicanálise, não ela como um todo.

Esta obra só foi possivel após anos de estudos e pesquisas.

Domingos Clemente Doné

Índice

Biografia de Sigmund Freud, pai da psicanálise

Sigmund Freud (1856-1939) foi um médico neurologista e importante psicanalista austríaco.

Foi considerado o pai da psicanálise, cujos fundamento teóricos e aplicação prática tornaram-se fonte para a compreensão do psiquismo humano e influenciaram a arte, a literatura e outros campos do conhecimento.

Sigmund Schlomo Freud nasceu em Freiberg, na Morávia, então pertencente ao Império Austríaco, no dia 6 de maio de 1856. Filho de Jacob Freud, pequeno comerciante, e de Amalie Nathanson, de origem judaica, foi o primogênito de sete irmãos.

Aos quatro anos de idade, sua família mudou-se para Viena, onde os judeus tinham melhor aceitação social e melhores perspectivas econômicas.

Desde pequeno, Freud mostrou-se brilhante aluno. Aos 17 anos ingressou na Universidade de Viena no curso de

Medicina. Durante os anos de faculdade deixou-se fascinar pelas pesquisas realizadas no laboratório de fisiologia dirigido pelo Dr. E. W. von Brucke.

De 1876 a 1882, Freud trabalhou com esse especialista e concentrou-se em pesquisas sobre a histologia do sistema nervoso. Já revelava grande interesse pelo estudo das enfermidades mentais, bem como pelos métodos utilizados em seu tratamento.

Trabalhou também no Instituto de Anatomia sob a orientação de H. Maynert. Concluiu o curso em 1881, e resolveu tornar-se um clínico especializado em neurologia.

Durante alguns anos, Freud trabalhou em uma clínica neurológica para crianças, onde se destacou por ter descoberto um tipo de paralisia cerebral que mais tarde passou a ser conhecida pelo seu nome.

Em 1884, entrou em contato com o médico Josef Breuer que havia curado sintomas graves de histeria através do sono hipnótico, quando o paciente conseguia se recordar das circunstâncias que deram origem à sua moléstia.

Chamado de "método catártico" constituiu o ponto de partida da psicanálise.
Em 1885, Freud obteve o mestrado em neuropatologia. Nesse mesmo ano, ganhou uma bolsa para um período de especialização em Paris com o neurologista francês J. M. Charcot.

De volta a Viena, continuou suas experiências com Breuer. Publicou, junto com Breuer, *Estudos sobre a Histeria* (1895), que marcou o início de suas investigações psicanalíticas.
Complexo de Édipo

Em 1897, Freud passou a estudar a natureza sexual dos traumas infantis causadores das neuroses e começou a delinear a teoria do "Complexo de Édipo", segundo o qual seria parte da estrutura mental dos homens o amor físico pela mãe e o ímpeto de assassinar o pai.

Nesse mesmo ano, já observava a importância dos sonhos na psicanálise. Em 1900, publicou *A Interpretação dos Sonhos*, a primeira obra psicanalítica propriamente dita. Freud, o Pai da Psicanálise

Em pouco tempo, Freud conseguiu dar um passo decisivo e original que abriu perspectivas para o desenvolvimento da psicanálise ao abandonar a hipnose, substituindo-a pelo método das livres associações, passando então a penetrar nas regiões mais obscuras do inconsciente, sendo o primeiro a descobrir o instrumento capaz de atingi-lo e explorá-lo em sua essência.

Durante dez anos, Freud trabalhou sozinho no desenvolvimento da psicanálise. Em 1906, a ele juntou-se Adler, Jung, Jones e Stekel, que em 1908 se reuniram no primeiro Congresso Internacional de Psicanálise, em Salzburg.

O primeiro sinal de aceitação da Psicanálise, no meio acadêmico, surgiu em 1909, quando foi convidado a dar conferências nos EUA, na Clark University, em Worcester.

Em 1910, por ocasião do segundo congresso internacional de psicanálise realizado em Nuremberg, o grupo fundou a Associação Psicanalítica Internacional que consagrou os psicanalistas em vários países.

Entre 1911 e 1913, Freud foi vítima de hostilidades, principalmente dos próprios cientistas, que indignados com as novas ideias tudo fizeram para desmoralizá-lo.

Adler, <u>Carl Gustav Jung</u> e toda a chamada escola de Zurique separaram-se de Freud.

Casamento e filhos

Em abril de 1882, Freud conheceu Martha Bernays durante uma visita que fez à casa de sua irmã. Em 17 de junho do mesmo ano, eles ficaram noivos.

Após quatro anos de noivado, no dia 14 de setembro de 1886 eles se casaram. Freud e Martha tiveram seis filhos: Mathilde, Jean-Martins, Oliver, Ernest, Sophfie e Anna.

Em 1838, quando a Áustria foi anexada à Alemanha nazista, Freud se refugiou na Inglaterra, onde já se encontrava parte de sua família.

Doença e Morte de Freud

Em 1923, já doente, Freud passou pela primeira cirurgia para retirar um tumor no palato. Passou a ter dificuldades para falar, sentia dores e desconforto. Seus últimos anos de vida coincidiram com a expansão do nazismo na Europa.

Inicialmente, porém, ele rejeitou o convite para instalar-se no Reino Unido e continuou em Viena. Em 1938, quando os nazistas tomaram Viena, Freud, de origem judia, teve seus bens confiscados e sua biblioteca queimada.

Com o agravamento da pressão nazista, porém, e graças à ajuda financeira de Maria Bonaparte, Freud mudou-se para Londres, onde foi obrigado a se refugiar.

Nessa época, Freud trabalhava, em colaboração com sua filha Anna, em uma obra dedicada à análise da personalidade de Hitler.

Sigmund Freud morreu em Londres, Inglaterra, no dia 23 de setembro de 1939 as 03:00 horas da manhã devido a excesso de morfina por causa de fortes dores.

Obras de Sigmund Freud

A Interpretação dos Sonhos (1900)
Psicopatologia da Vida Cotidiana (1904)
Três Ensaios Sobre a Teoria da Sexualidade (1905)
Totem e Tabu (1913)
O Mal Estar da Civilização (1930)
Moisés e o Monoteísmo (1939)

Frases de Sigmund Freud

"A inteligência é o único meio que possuímos para dominar os nossos instintos."

"A felicidade é um problema individual. Aqui, nenhum conselho é válido. Cada um deve procurar, por si, tornar-se feliz."

"O sonho representa a realização de um desejo."
"Se quiseres poder suportar a vida, fica pronto para aceitar a morte."

Há uma vasta literatura a respeito de Freud, porém seria tão extensa que eu teria de reescrever toda sua trajetória e esta obra terminaria extensa demais.

(Por Dilva Frazão Biblioteconomista e professora, fonte: https://www.ebiografia.com/sigmund_freud.

O que é analise ou psicanálise e as leis no Brasil

Psicanálise vem do termo psique que significa nossa mente em termos de memória e subconsciente que trazemos desde a época intra uterina, sim, temos nosso desenvolvimento psíquico dede a nossa formação no útero materno, por esse motivo muitas vezes alguns casos devem ser conduzidos a memória arcaica que consiste nas primeiras memórias que são armazenadas em nosso cérebro mesmo antes de podermos ser e ter qualquer tipo de consciência lúcida, ou seja aquelas memórias de longo prazo que nos vem a mente sempre que precisamos dela, tais como resolver uma questão matemática, como se escreve determinada palavra, etc.

A análise nada mais é do que a observação flutuante para com o paciente, o psicanalista, ou analista deve ser um bom ouvinte e prestar o máximo de atenção nas palavras de seu analisado, afinal, o analista como o nome já diz está fazendo uma análise de seu analisado.

A profundidade das análises é que diferem de outras formas de tratamento, por exemplo, um psicólogo vai ouvir o paciente e após suas queixas irá aconselha-lo para que aprenda a lidar com seus problemas ao longo de sua vida até que se torne imperceptível.

São estudadas as queixas do paciente apenas seu estado comportamental.

O analista vai ouvir e caminhar ao lado de seu paciente, ele segue além da psicologia, conduzindo as analises até onde estão os nós mentais e aconselha, conduz e orienta, porém a intenção é que ao chegar no posta chave, o próprio paciente terá seu nó desatado por ele próprio, quando este for encontrado no subconsciente e trazido a tona ou ao consciente.

Vejamos abaixo na ilustração a diferença no tratamento psicológico e psicanalítico.

A psicanálise não é reconhecida pelo MEC

A psicanálise é reconhecida e aceita pela OMS, Organização Mundial de saúde, é reconhecida pela Federação Brasileira de Psicanálise (Febrapsi) e da Associação Psicanalítica Internacional (IPA), (CBO), Centro Brasileiro de Ocupação.

Vamos falar mais um pouco sobre o tema.
Na verdade, a atividade de Psicanalista não é considerada profissão, e sim, ocupação. Aliás, isto já foi estabelecido através da Portaria nº 397, de 09/10/2002, do Ministério do Trabalho e Emprego do Brasil, editada pelo Ministro Paulo Jobim Filho, vigente até hoje, que aprovou a CBO –

Classificação Brasileira de Ocupações, determinando um código específico para identificar e classificar as diversas atividades de trabalho em todas as áreas, e dentre essas, encontra-se classificada a atividade de Psicanalista/analista com o código 2515-50.

De início, julgo de bom alvitre, definir os significados de profissão e ocupação. A profissão é uma atividade de trabalho normalizada, isto é, sujeita a normas definidas por Leis aprovadas pelo Congresso Nacional, e com regulamentação própria de direitos e garantias, tais como tais como piso salarial, jornada de trabalho, adicionais, promoções de nível, etc. " A noção de profissão geralmente está associada à idéia de emprego, à estabilidade, previsibilidade e certeza". (ALBORNOZ, 1988, p.96).

Ocupação é o trabalho usual de uma pessoa, especialmente aquela que provê seus meios de sustentação. Com relação a isto, Woleck assim escreveu no seu dicionário: "A ocupação de uma pessoa é o trabalho desenvolvido por ela, independentemente da indústria em que esse trabalho é realizado e do Status que o emprego confere ao indivíduo" (DICIONÁRIO DE CIÊNCIAS SOCIAIS: 1986 p.829 apud WOLECK, s/d, p.14). Bohoslavsky (1991, p.55).
(Fonte: JusBrasil)

Enfim, os conceitos de profissão e de ocupação são muito próximos, e na prática, ambas têm fatos em comum. Veja-se, por exemplo, que enquanto as profissões obedecem a normalizações e regulamentações, as ocupações também obedecem a princípios e normas do Ministério do Trabalho e Emprego e de outros diplomas legais que as reconhece, codifica os seus títulos e descreve as características de suas atividades no mercado de trabalho brasileiro.

Os estudiosos de pesquisa científica sabem que até o início da Idade Moderna, o entendimento que se tinha de profissão e trabalho era diferente do entendimento que se tinha de ocupação.

Atualmente, o conceito de ocupação está associado ao exercício de uma atividade de trabalho, de emprego e renda. Ou seja, apenas no Brasil a psicanálise é considerada ocupação e não profissão

Freud lutou para deixar um legado, pois na época em que a psicanálise se iniciou, várias universidades queria tomar essa ciência como didática em seus currículos de ordem de ensino superior, porém Freud lutou nos tribunais para que a psicanálise se tornasse uma ciência livre para que qualquer pessoa pudesse estuda-la e coloca-la em pratica, tanto em seus bairros quanto em fábricas, para poder ajudar a quem quer que fosse sem cobrar os absurdos universitários da época.

Portanto a psicanálise se tornou e já está ai há mais de um céculo auxiliando, ajudando e conduzindo casos dentro de suas possibilidades, logo chegaremos a este termo (possibilidades).

Essa decisão foi tomada por freud devido as circunstancia da ciência da época, onde uma pessoa com problemas emocionais, pessoas com algum transtorno que até então não se sabia como tratar, surtos, etc.

Essas pessoas eram enviadas por seus familiares a igrejas, pois acreditava-se que tal comportamento se dava ao seu corpo haver sido tomado por demônios e que um padre ou pastor da época pudesse retira-lo do corpo da pessoa.

Caso o religioso não conseguisse expulsar o demônio, ai então o paciente era conduzido até um manicômio onde muitas vezes por simplesmente haver perdido a paciência ou não seguir as regrar " politicamente corretas " da época passava a o resto de seus dias trancado em um manicômio, onde era praticamente abandonado a própria sorte, pois não eram bem tratados e haviam experimentos de medicamentos fortes que muitas vezes levavam o paciente a morte, além dos choques elétricos nas extremidades do corpo como tornozelos, punhos e cabeça, os choques elétricos, acreditava-se na época que poderiam estimular o cérebro a voltar ao normal.

Como já foi mencionado, o próprio Freud foi perseguido e teve que fugir as pressas por ser de família judia, afinal estamos falando da segunda guerra mundial, quando Freud estava em seu alge como médico e doutor em psiquiatria e psicanálise, sim, Freud escapou do holocausto de Adolf Hitler.

A psicanálise ajuda no tratamento da ansiedade, depressão, luto, problemas relacionados com traumas, relacionamento, Borderline, entre outros, ...

Depressão

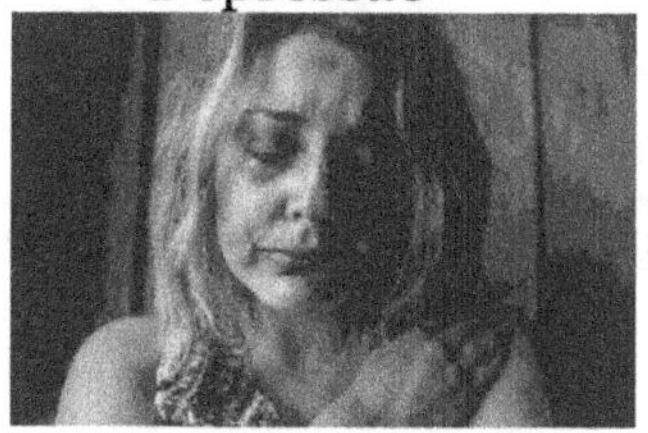

Ansiedade

Luto

Final de relacionamento

Traumas

Borderline

... E muitos outros espectros da mente e comportamento humano !
O que pode e o que não pode na psicanálise

"É extremamente necessário que se tome total conhecimento deste tema para evitar futuros transtornos tais como perda de diploma e certificados de cursos específicos, processos judiciais e até mesmo prisão por uso indevido da profissão, ou ocupação previstos em lei."

O que é prognóstico

O psicanalista pode ao atender, fazer um prognóstico do paciente.

São anotações que o profissional faz ao longo do tratamento para atingir um bom conhecimento de seu paciente.

Porém jamais, em hipótese alguma essas anotações devem ser vistas pelo paciente e nunca se deve dizer a ele o que o profissional acredita que o está perturbando.

O psicanalista deve esvaziar sua mente e voltar-se apenas as falas, tons de voz, até mesmo agressividades verbais são bem vindas, pois é nesse instante em que o paciente revela realmente o que o incomoda, isso tudo é chamado de transferência.

O psicanalista jamais deve prescrever um diagnóstico, jamais deve receitar medicamentos, jamais deve fazer indicações de outros profissionais, caso veja que se trata de uma patologia mais séria e delicada, mas pode sim aconselhar o paciente a buscar ou um psicólogo ou psiquiatra, entregando um cartão de um amigo profissional, etc.

Tudo, absolutamente tudo o que for dito no setting analítico deve haver confiança, neutralidade e imparcialidade, o paciente deve dizer absolutamente tudo o que lhe vier a mente, livremente.

O psicanalista não pode em hipótese alguma criticar ou interromper a análise constrangendo o paciente. Quem faz a análise acontecer é o paciente e seus desejos mais secretos, medos e traumas jamais devem ser mencionados de maneira maliciosa, com segundas intenções ou interesses pessoais.

O setting analítico é um cofre, tudo que é é dito ali, morre ali.

O que é recalque

Muitas pessoas já ouviram esse termo até mesmo em músicas chulas.

Pois então vamos lá, recalque nada mais é do que desejos, vontades, sonhos que o ser humano tem, porém não os coloca em prática.

É como se alguém desejasse adquirir um aparelho de celular top de linha, mas seu orçamento não da para pagar, ou as parcelas pesariam no bolso, ficando assim a pessoa com seu desejo preso, impedido de ser conquistado naquele momento e esse desejo retraído é o recalque.

Porém é uma faca de dois gumes, pois dependendo do recalque, se liberado pelo consciente através do subconsciente que é o que realmente manda em todas as situações involuntárias do ser humano, isso pode gerar transtornos.

Por esse motivo, o psicanalista deve totar muito cuidado ao lidar com a liberação ou não de pacientes recalcados.

Há quem fale mal do recalque! Que não devemos recalcar. Como assim ? Isto é no mínimo estranho , ou pior , desconhecimento teórico prático da psicanálise !
Recalcar é a maior defesa do ego para conteúdos emocionais , puncionais e subjetivos não suportáveis a economia psíquica responsável pelo equilíbrio .

Logo , o recalcado é uma proteção ao aparelho psíquico, que no devido tempo de trabalho analítico será elaborado. Quando usado no termo de não recalcar desejos .... Muito cuidado ....

Freud sempre afirmou a importância da constituição de todos os elementos constituídos da mente , do aparelho psíquico . Eles precisam estar em harmonia interna e obedecer a harmonia externa também , que é regulada pelas leis civis, sociais e culturais do meio que o indivíduo vive.

Neste sentido, todo ser humano social segue as regras e leis sociais .
Está é a diferença entre civilização e barbarie que Freud referiu em sua obra. O consciente ego só recalca aquilo que pode lhe causar algum dano.

Com certeza o Id irá continuar tentando emergir o recalcado e o ego deverá encontrar uma maneira equilibrada de gozar pulsões tidas como inadequadas ou perigosas.

Freud sempre se preocupou com o processo da civilização. Recalcar faz parte deste processo ! Em várias áreas da vida quem não recalca comete abusos e até desenvolve transtornos psíquicos ligados ao relacional , social, sexual .

O recalque é uma defesa do ego para pulsões que não se pode gozar naquele contexto. Encontrar alternativas para estas pulsões poderem se extravasar de forma equilibrada é papel do psicanalista junto ao seu paciente e como agente da saúde mental deve dar o exemplo de equilíbrio .

Por   exemplo: vontade de bater nas pessoas - bater em saco de box. Isto é canalizar esta energia , sublimar esta pulsão , transferir para algo positivo está pulsão que causa conseqüências todas como anti-sociais e bárbaras .

Tem momentos em que as pulsões são mais fortes e vencem o superego pouco estruturado, resultando em conseqüências indesejadas com quem a prática tanto a nível pessoal quando social.

Então , cuidado quando psicanalistas dizem que não se deve recalcar . Isso pode ser interpretado como uma incitação e incentivo a ações criminosas ou anti-sociais.

Isso pode levar ao profissional entrar em conflito com o código de ética da psicanálise e se for denunciado no conselho de ética de sua instituição poderá perder sua credencial e conseqüente autorização de funcionamento .

Por isso disse no inicio que se trata de uma faca de dois gumes, pois todo cuidado ao lidar com a mente humana.

O que é analise

A analise também conhecida como psicanálise é uma técnica criada por Freud para tentar ajudar pessoas em seus problemas emocionais, através da transferência flutuante que nada mais é do que palavras.

Durante as sessões de psicanálise o analista pode quando achar necessário fazer perguntas relevantes a transferência em que o analisado emite através da fala, seus sonhos, suas angustias, seus recalques, o que está bem, o que não está bem e durante esse processo é necessário que o analista tenha ouvidos única e exclusivamente para as palavras proferidas, pois a psicanálise se faz através da fala.

A sessão costuma durar cerca de cinqüenta minutos apenas e se neste meio tempo o analisado se mantiver calado, assim também permanece o analista, podendo passar a analisar seus gestos comportamentais, pois o corpo fala e somente através do estudo psicanalítico é possível ler o corpo.

O psicanalista busca saber sobre a vida do analisado e tenta fazer com que este descubra o porque tal fato está e onde está afetando sua vida pessoal.

O psicanalista ajuda o paciente a descobrir o porque de seus sonhos, desejos ocultos e a desatar esses nós contidos no subconsciente.

Por exemplo, se o paciente está com ansiedade ou depressão ou tem medo de altura, ele ajuda a descobrir de onde vem esses sentimentos, qual é a causa para que assim desate seus nós psíquicos contidos e esquecidos em seu subconsciente e que hoje de alguma forma o atrapalha.

Houve um determinado caso em que a pessoa é um pintor de parede, mas tem muito medo de altura, em analise foi detectado o problema, pois aos nove anos de idade ao tentar apanhar uma fruta em uma árvore o galho se quebrou e ele veio a cair e fraturar seu braço sentindo muita dor.

Problema resolvido,...em partes.
Por falar em traumas, vamos abordar esse tema:

Traumas

É na infância que começa a formação de todo ser humano. Coletamos, nessa fase, valores importantes que vão determinar o futuro. Ademais, na infância passamos por experiências e emoções que podem causar danos irreparáveis.

O acontecimento de sofrimento pode causar traumas. E 90% da população mundial passará por pelo menos um trauma durante a vida.

Além disso, os traumas são experiências dolorosas, como um acidente de carro, violência sexual, violência física, maus tratos, morte de alguém que se ama, etc. .

Os traumas podem modificar o comportamento de uma pessoa, e a ciência ainda está tentando descobrir porque 20% das pessoas que sofrem um trauma não conseguem superar aquele acontecimento.

Como conseqüência disso, ele se torna um risco pra saúde, pois um trauma desencadeia diversos sintomas que podem ser de ordem física ou emocional. Além disso, eles não são fáceis de resolver, porque são problemas invisíveis no inconsciente, e podem causar diversos problemas.

Por exemplo: estado de choque, medo, isolamento, insônia, entre tantas coisas que podem mudar radicalmente a vida de um indivíduo.

Por fim, tudo isso traz desconforto para todos da família.

O que é uma memória traumática?
A memória traumática é totalmente diferente da memória comum.

Quando se sofre um trauma, muitas pessoas carregam dentro de si as marcas de sua história, muitas das vezes histórias trágicas.

Existe todo tipo de pessoas, pessoas grossas, inseguras, ciumentas. Pessoas que não se importam com nada e outras que se importam com tudo.

Pessoas que têm medo exagerado e não sabem de onde esse medo vem, com certeza esses medos vem de traumas sofridos, que estão em seu inconsciente.

Os traumas e os problemas causados

Complexo de inferioridade é, também, um problema que pode ter relação com um trauma sofrido na infância.

Sem perceber, os amigos e familiares levam a pessoa a desenvolver esse trauma, através de críticas de uma repreensão, bullying. E, se não tratado, pode virar um transtorno de ansiedade ou até mesmo uma depressão.

Ademais, a dificuldade de se relacionar pode ser de um trauma sofrido, seja no âmbito profissional ou social, e até mesmo familiar. Por isso, tem pessoas que vivem isoladas, que são menos felizes e mais propensa a ficarem doentes.

Pessoas assim provavelmente sofreram <u>abusos psicológicos ou abusos físicos.</u>

Freud e o conceito psicanalítico dos traumas
Freud, ao longo de sua obra, elaborou duas teorias sobre o conceito de traumas.

A primeira foi entre o ano de 1890 e 1897, em que o trauma é conceituado como uma situação real que possui um potencial traumatizante.

Ademais, Freud e Breuer concebem o trauma como um corpo estranho que se aloja no psiquismo do sujeito, desestabilizando sua economia psíquica.

Além disso, Freud atendeu muitos casos de histeria. Com isso, ele percebe que possíveis abusos ocorridos na infância geram sintomas histéricos ou traumas sexuais.

A partir daí, desenvolve a teoria de sedução, que vai tratar o traumático vivenciado em dois tempos: de ordem sexual e externa.

Por que é tão difícil se desprender de um trauma? É como se o sistema de aprendizado ficasse sobrecarregado e emperrasse.

Então, a pessoa não consegue se curar, o tempo passa e essas memórias possuem um caráter destrutivo.

Por isso, vem à mente a imagem, pessoas assim dão poder ao sentimento emocional e, dentro dessa perspectiva, o indivíduo não acredita que pode mudar sua história, sentimento ou sensação física do que aconteceu no passado.

Assim, isso atrapalha o presente e resulta em alterações comportamentais, além de refletir negativamente no modo de pensar e de agir.
Como se curar dos traumas?

Para que venha a cura dos traumas, o primeiro passo é admitir que há um problema e, se não procurar ajuda, pode cada dia ficar mais complicado. Isso tanto para a pessoa que sofreu com o trauma, quanto para os familiares e sociedade.

Por isso, devemos ficar alertas e reconhecer que muitos padrões de <u>comportamento</u> não são normais.

Além disso, assumir a responsabilidade por esses comportamento é fundamental para abrir caminhos para novos rumos, até porque todos merecem viver bem e viver melhor.

Especialmente no que se refere às emoções, que são de extrema relevância para termos uma boa qualidade de vida.

Ou seja, se as emoções estão equilibradas, tudo fica mais fácil, e, assim, seremos com certeza mais felizes.

Por fim, para vivermos melhor e sermos felizes precisamos passar pelo processo da resiliência essa palavra resiliencia vem da física resiliente é tudo aquilo que se retorce, enverga mas continua sendo o que é, é como uma barra de ferro de construção fina em uma fogueira, ela muda de cor, se contorce e depois fica preta de fuligem, mas continua sendo uma barra de ferro.

E isso nós conseguimos com a ajuda de um profissional capacitado, como psicanalista, psicólogo e outros. Ademais, a resiliência é a capacidade de uma pessoa manter ou recuperar a essência emocional, ou até se tornar melhor depois de passar por um processo traumático. Se não procurar um especialista, será mais difícil uma pessoa se recuperar de um trauma.
Há níveis diferentes de resiliência, porque as pessoas são diferentes.

O que causa trauma em uma pessoa pode não ser tão traumatizante em outra. Isso tem muito a ver com o temperamento de cada pessoa, há pessoas que se recuperam muito rápido de um trauma, porém, há outras que passam a vida toda tentando se recuperar.

Mas a boa notícia é que essa competência pode ser desenvolvida ou aprendida. Por isso, é preciso decidir ser resiliente: nossas escolhas representam 90% do nosso sucesso, as circunstâncias apenas 10%. Em conclusão, é fundamental ter foco na solução e não no problema.

Agora pergunto a você e antes de responder faça uma introspecção e responda para si mesmo:
Meio copo d'água para você está meio cheio ou meio vazio?

Você busca resolver tudo de uma só vez e acaba não resolvendo nada ou planeja tudo antes de fazer?

O que você faz quando não consegue alcançar seus objetivos?

O que te deixa irritado? Porque ?
Sua vida está boa como está ou você pretende melhorar ?

O que você faz para melhorar sua vida emocional ?
Seu(a) paixão te deixou, o que você faz ?
Você guarda rancor de algo ou mágoa de alguém ?

Lembre-se de que a positividade atrai prosperidade, viver do que já se foi é se tornar um zumbi social.
Vá até o espelho, se olhe, olhe em seus olhos, olhe seu sorriso.

Primeiro ame viver e viver bem, depois se ame mais que tudo e o que ou quem quiser que venha caminhar ao seu lado, mas deixe as portas abertas, ...sempre abertas.

Afinal, ninguém pertence a ninguém, o estar é voluntário, não uma obrigação.
Vamos abordar agora a psique do ser com os temas:

ID – EGO – SUPER EGO

Assim como existe, de acordo com a linha freudiana da psicanálise, uma divisão topográfica da mente entre os níveis consciente, pré-consciente e inconsciente, essa mesma linha da psicanálise identifica outra distinção da mente humana. Essa segunda divisão se daria entre Id, Ego e Superego.

Como coloca a teoria estrutural da mente, o Id, Ego e Superego podem transitar, até certo ponto, entre os níveis mentais que citamos acima. Ou seja, não são elementos estáticos ou estruturas completamente rígidas.

Você já ouviu falar sobre essas instâncias psíquicas da mente? Não? Então continue a leitura e descubra agora tudo sobre essas três partes de nossa mente!

ID

O Id (*identityou identidade*) é um elemento psicológico de nossa mente. Nele, ficam armazenadas nossas pulsões, nossa energia psíquica, nossos impulsos mais primitivos. Guiado pelo princípio de prazer, não há para o Id nenhuma regra a ser seguida: tudo o que interessa é a vazão do desejo, a ação, a expressão, a satisfação.
O Id fica localizado no nível Inconsciente do cérebro, e não reconhece elementos sociais. Portanto, não há certo ou errado.

Não há tempo ou espaço. Não importam as consequências. O Id é o ambiente dos impulsos sexuais. Ele está sempre buscando formas de realizar esses impulsos, ou seja, não aceita ser frustrado.

EGO

O Ego seria, para Freud, o elemento principal entre Id, Ego e Superego. Ele é a nossa instância psíquica e evolui a partir do Id, por isso, possui elementos do Inconsciente. Apesar disso, funciona principalmente a nível Consciente.

Guiado pelo princípio de realidade, uma de suas funções é limitar o Id quando considerar seus desejos inadequados para determinado momento ou ocasião. O Ego representa a mediação entre as exigências do Id, as limitações do Superego e a sociedade.

Em última instância, a partir de um certo ponto da infância , na maioria das vezes, será o Ego que tomará a decisão final. Uma pessoa que não possua o Ego bem desenvolvido, não poderia desenvolver também o Superego. Sendo assim, seria guiada exclusivamente por seus impulsos primitivos, ou seja, pelo Id.

SUPEREGO

O Superego, por sua vez, é consciente e inconsciente. Ele é desenvolvido ainda na infância, a partir do Ego, no momento em que a criança passa a entender os ensinamentos passados pelos pais, escola, entre outros.

Ele é o aspecto social do trio Id, Ego e Superego. Resulta, em grande parte, das imposições e castigos sofridos na infância. Ele se encontra e participa desses dois níveis mentais.

O Superego é a censura, a culpa e o medo da punição. Pode ser visto como uma instância reguladora. A moral, a ética, a noção de certo e errado e todas as imposições sociais se internalizam no Superego.

Ele se posiciona contra o Id, pois representa o que há de civilizado, de cultural em nós, em detrimento dos impulsos arcaicos. Enquanto para o Id não existe certo ou errado, para o Superego não existe um meio termo entre certo e errado.

Ou seja, se você não está fazendo a coisa certa automaticamente estará errado.

Trabalhando em conjunto

Com o desenvolvimento da personalidade, o Id, o Ego e o Superego, já estão todos presentes em nossa mente.

Ocorre então, em muitas ocasiões, uma "batalha". O Id e o Superego tentam em vários momentos assumir o controle da situação. Tendo em vista que os dois representam desejos e impulsos completamente opostos, o Ego começa a trabalhar.

O Ego mantém o equilíbrio entre esses dois lados tão distintos. Como uma espécie de balança mediadora, ele avalia as vontades do Id e do Superego, para chegar, muitas vezes, a um meio termo.

Assim, nós nos mantemos na vida em sociedade, sem nos comportarmos como um "animal irracional", mas também, sem "pensar demais sobre tudo".

Ou seja, mesmo quando nos comprometemos a não comer um doce, por exemplo, por vezes, nos damos esse pequeno prazer, por saber que irá nos ajudar psicológicamente.

Exemplo
Imagine que você esteja em um bar. Chegou às 19 horas e já é meia-noite.

Amanhã você entra às oito horas da manhã no trabalho, e já bebeu cervejas o suficiente para relaxar. Os amigos propõem mais uma e você para e pensa. Nessa situação, aconteceria o seguinte:

O Id diria: *Fica aí, só mais uma, ainda dá para dormir bastante e uma ressaca nunca matou ninguém.*

O Superego, por sua vez, diria algo como: *Nem pensar! Você já bebeu mais do que o suficiente, não vai trabalhar bem amanhã e seu chefe vai perceber. Você sabe que ele já não gosta muito de você. E é segunda-feira!*

O Ego então tomaria uma decisão conciliadora dizendo: *Bom, por que você não pega uma garrafa de água e vai descansar?*

Pensando bem, você já está até com sono, e é bom não dar motivos para o chefe nesses tempos de crise. Sabe como você fica estranho de ressaca.

É dessa forma que podemos perceber a presença dessas três instâncias psíquicas em nosso dia a dia.

São como vozes dentro de nossa própria cabeça, quase sempre discordantes, aconselhando nossas ações e tomadas de decisão.

Uma das funções do Ego, segundo Freud, é reprimir o conteúdo inconsciente e garantir que ele permaneça lá. Esse conteúdo, no entanto, se esforça para, de alguma forma, driblar essa repressão.

Para isso, seriam utilizados alguns mecanismos denominados pelo autor de deslocamento e condensação.

Jakobson associou posteriormente o deslocamento com a figura de linguagem chamada metonímia, enquanto a condensação seria como uma metáfora.

Nos sonhos, através de símbolos imagéticos, os pensamentos inconscientes conseguiriam se expressar.

Esses símbolos imagéticos podem ser tanto metafóricos quanto metonímicos.

Além dos sonhos, essa expressão se dá pela fala ou, mais especificamente, pelos atos falhos ou pelo humor.

Para Freud, essas expressões que assumem caráter de piada ou equívoco aleatório não são desprovidas de significado.

São, na verdade, mecanismos da fala que permitem a expressão de ideias inconscientes combinadas às ideias conscientes. São uma forma de liberar, ainda que parcialmente, as pulsões do Id.

Assim como os sonhos, a fala aparece então como uma forma de investigar o Inconsciente humano e compreender as causas das psicopatologias.

Por isso, Freud, em seus estudos e trabalho, passou a associar o campo da linguística ao da psicanálise.

Posteriormente, essa associação é resgatada por Lacan, <u>como já mencionamos</u>.

Através da compreensão do Id, Ego e Superego podemos, portanto, entender melhor de onde vem nosso sentimento de culpa e autocensura (Superego).
Podemos também entender porque muitas decisões são difíceis de serem tomadas, e dificilmente nos sentimos plenamente satisfeitos com elas.

Id, Ego e Superego não podem concordar, já que a vida em sociedade exige a sublimação de nossas pulsões.

E essa discordância interna é o que nos traz, muitas vezes, frustrações, indecisão e mal-estar, assim como muitas das psicopatologias que interessam à psicanálise.

Tanto Id, quanto Ego e Superego fazem parte de nosso Inconsciente. Ego e Superego, no entanto, encontram-se também no consciente, enquanto o Id permanece limitado ao outro nível.

Pensando na <u>metáfora do iceberg,</u> a sua ponta emersa é composta por elementos do Ego e do Superego. Estes se estendem até a parte submersa do iceberg, onde encontram o Id.

Se formos pensar na importância e influência do Superego em relação às outras duas partes, poderíamos dizer que ele ocupa todo o lado esquerdo do iceberg – a parte emersa e submersa, enquanto Id e Ego dividem o lado oposto.

Como visto, os conceitos de Id, Ego e Superego e o Consciente e Inconsciente são a base do estudo psicanalítico.

Eros e Tânatos – punsão de vida e morte

Assim, no campo de saber sobre <u>o que é psicanálise</u>, a pulsão é uma ideia que se relaciona a uma força interna essencialmente inconsciente que impele o comportamento humano para determinadas finalidades. Duas pulsões básicas se destacam na teoria psicanalítica:

A pulsão de vida:

conhecida também como Eros (o deus grego do Amor, equivalente em certa medida ao Cupido dos romanos).

A pulsão de vida é a tendência do organismo humano para buscar a satisfação, a sobrevivência, a perpetuação.

Em certo sentido, é às vezes lembrada como uma movimento em direção de novidades e acontecimentos.

Relaciona-se ao desejo sexual, ao amor, à criatividade e ao desenvolvimento individual e coletivo. Relaciona-se a uma busca por prazer, alegria, felicidade.

A pulsão de morte: conhecida também como Tânatos (na mitologia grega, a personificação da morte).

A pulsão de morte é a tendência do organismo humano para buscar destruir, desaparecer ou aniquilar (a si ou a outra pessoa ou coisa).

É uma tendência ao "zero", a romper com resistências, romper com o exercício físico de existir. Esta pulsão impele o comportamento agressivo, as perversões (como o sadismo e o masoquismo e a autodestruição.

Para Freud, essas pulsões de vida e de morte, de <u>Eros e Tânatos</u>, não são totalmente excludentes. Vivem numa tensão e, ao mesmo tempo, numa dinâmica de equilíbrio. A saúde mental de um sujeito depende em grande medida dessas duas pulsões.

Por exemplo, a pulsão de morte não é simpre negativa: pode suscitar alguma dose de agressividade para mudança de determinadas situações.
Vejamos mais detalhes e exemplos dessas duas pulsões.

Pulsão de vida

A pulsão de vida dentro da Psicanálise fala a respeito da conservação de unidades e dessa tendência.
Basicamente, se trata de preservar a vida e existência de um organismo vivo.

Assim, se cria movimentos e mecanismos que ajudem a mover alguém em escolhas que priorizem sua segurança.

A partir daí se alimenta uma ideia de ligamento, de modo que se possa juntar partes menores para formar unidades maiores.

Além de formar essas estruturas maiores, o trabalho também é fazer a conservação delas.

Para exemplificar, pense em células que encontram condições favoráveis, se multiplicando e criando um novo corpo.

Em suma, a pulsão de vida almeja estabelecer e manusear formas de organização que ajudem a proteger a vida.

Trata-se de ser constante positivamente, de modo que um ser vivo se direcione à preservação.

Exemplos de pulsão de vida
Há diversos exemplos corriqueiros que podem estabelecer um conceito prático da pulsão de vida.

A todo o momento, estamos procurando uma forma de sobreviver, crescer e fazer mais em nossas ações e pensamentos. isso fica bastante simplificado quando observamos:

A princípio, todos nós mantemos uma rotina de nos alimentarmos sempre que o corpo exigir ou mesmo sem necessidade aparente.

O ato de comer indica o fornecimento de subsistência para que possamos continuar vivos. É algo instintivo, de modo que o corpo e a mente entrem em declínio caso não seja atendido.

O ato de produzir, multiplicar e fazer acontecer é um direcionamento direto para levar a vida. Precisamos fazer crescer em nossa realidade recursos e atividades importantes para a manutenção geral da humanidade.

 São exemplos o ato de trabalhar para ser remunerado, se exercitar para ter saúde, ensinar para espalhar conhecimento, entre outros.

Há diversos exemplos corriqueiros que podem estabelecer um conceito prático da pulsão de vida. A todo o momento, estamos procurando uma forma de sobreviver, crescer e fazer mais em nossas ações e pensamentos. isso fica bastante simplificado quando observamos:

A princípio, todos nós mantemos uma rotina de nos alimentarmos sempre que o corpo exigir ou mesmo sem necessidade aparente.

O ato de comer indica o fornecimento de subsistência para que possamos continuar vivos. É algo instintivo, de modo que o corpo e a mente entrem em declínio caso não seja atendido.

O ato de produzir, multiplicar e fazer acontecer é um direcionamento direto para levar a vida. Precisamos fazer crescer em nossa realidade recursos e atividades importantes para a manutenção geral da humanidade.

São exemplos o ato de trabalhar para ser remunerado, se exercitar para ter saúde, ensinar para espalhar conhecimento, entre outros.

Sexo

O sexo se mostra como a união de corpos a fim de se unirem momentaneamente. Indo mais além, também pode dar a origem para uma nova vida, multiplicando e dando origem a uma nova existência.

Nisso, além das pessoas envolvidas, o sexo pode dar início a um processo de criação, perpetuando a vida.

Pulsão de morte

A pulsão de morte indica a redução por completo das atividades de um ser vivo. É como se a tensão se reduzisse ao ponto de que uma criatura viva atinja o estado de inanimamento e inorgânico.

A meta é fazer o caminho inverso ao crescimento, nos levando à nossa forma mais primitiva de existência.

Em seus estudos, Freud abraçou o termo utilizado pela psicanalista " <u>Bárbara Low, o "Princípio de Nirvana</u>".

De forma simples, esse princípio trabalha a redução exponencial de qualquer excitação presente em um indivíduo.

No budismo, o Nirvana conceitualiza "a extinção do desejo humano", de maneira que alcancemos a quietude e felicidade perfeita.

A pulsão por morte mostra caminhos para que um ser vivo caminhe em direção ao seu fim sem interferência externa. Dessa maneira, retorna ao seu estágio inorgânico do seu próprio modo.

De forma poeticamente fúnebre, o que sobra é o desejo de cada um morrer ao seu próprio modo.

Exemplos de pulsão de morte

A pulsão de morte pode ser encontrada em diversos aspectos de nossas vidas, mesmo naqueles mais simples. Isso porque a destruição em suas formas faz parte de tudo que é ligado à vida e precisa de um fim. Por exemplo, vemos isso nos âmbitos destacados a seguir:

Alimentação

A alimentação, obviamente, pode ser vista com um impulso direcionado à vida, já que faz a nossa manutenção existencial.

Contudo, para que isso ocorra, precisamos destruir o alimento e somente então se alimentar dele. Existe aí um elemento agressivo, se contrapondo ao primeiro impulso e tornando-se contraparte dele.

Suicídio

Acabar com a própria vida é um sinal claro de retorno para a não existência do ser humano. De forma consciente ou não, alguns indivíduos conseguem contrapor seu impulso de vida e encerrar os seus ciclos. Como dito linhas acima, cada um escolhe o modo de terminar com sua própria vida.

A saudade

Relembrar o passado pode ser um exercício doloroso para quem não abriu mão de algo ou alguém. Sem perceber de início, o indivíduo está se machucando, procurando inconscientemente uma forma de sofrer.

Por exemplo, uma criança busca a foto da mãe falecida para lembrá-la, mas vai sofrer com a ausência da mesma.

O meio em que vivemos define a nossa jornada construtiva e destrutiva
Quando se fala em pulsão de vida e pulsão de morte é bastante comum se deixar de lado o ambiente em que crescemos. Através dele é que construímos uma identidade pessoal que nos distingue dos demais.

Sem contar que isso também significa a construção da pluralidade cultural, de modo que encontremos elementos que façam nossa construção.

De acordo com a Psicanálise, é a implicação do inconsciente que acaba por dividir um indivíduo de sua identidade própria do mundo.

Ou seja, nossa parte interna estipula um limite de onde terminamos e onde o mundo externo começa. Com isso, se pode levantar o questionamento de qual força, interna ou externa, iniciou a ação.

Por causa disso que a Psicanálise trabalha a respeito dos sintomas que a nova realidade trouxe à tona. Graças à ela, por exemplo, podemos entender melhor os ingredientes da violência nos tempos atuais.

Consequentemente, esse entendimento sobre a pulsão de vida e pulsão de morte ajudará a compreender o inconsciente e a satisfação pulsional.

Equilíbrio e sobreposição

A pulsão de vida e a pulsão de morte, além de outras, trabalham em oposição uma com a outra. Quando essas forças destrutivas são direcionadas para fora, uma das pulsões expeliu agressivamente essa instância.

Nisso, o organismo de alguém pode se manter protegido ou mesmo liberar comportamentos agressivos para si e aos outros.

No entanto, no momento em que uma posição subjuga a outra, se inicia a ação, já que não há equilíbrio.

Por exemplo, quando o suicídio acontece, a pulsão de morte acabou por prevalecer sobre a pulsão de vida.

A pulsão de vida e a pulsão de morte designam movimentam naturais para o limiar da existência. Enquanto a outra se inclina à preservação, a outra faz o caminho oposto, de modo a erradicar uma existência.

A todo o momento cada uma dá sinais de assumir o controle, desde ações mais simples ou eventos determinantes.

O meio em que vivemos colabora diretamente para a expansão de cada uma dessas instâncias, de maneira que virem reflexos.

A exemplo, um depressivo sem qualquer perspectiva de vida pode achar que encontrou o seu caminho por meio do suicídio.

Ao mesmo tempo em que construímos nossa identidade pessoal, lidamos com nossa imagem coletivamente.

Freud explica: entenda alguns conceitos básicos da psicanálise

Quem nunca se viu repetindo comportamentos que havia prometido deixar para trás? Ou fazendo coisas que prejudicam a si mesmo, por mais irracional que isso pareça? Quantas vezes você se espantou com uma palavra fora de contexto que saiu no meio de uma frase?

E sonhos bizarros, quem não tem?

Todas essas situações, sem relação aparente entre si, podem ser explicadas pela existência de uma única instância psíquica, que subverte nossas intenções e vontades: o inconsciente.

A humanidade deve a Sigmund Freud essa descoberta. Apesar das transformações sociais, culturais e tecnológicas dos últimos 120 anos, o método psicanalítico criado por Freud para lidar com o mal-estar inerente à condição humana segue atual.

Ao criar esse novo campo do conhecimento, Freud desenvolveu diferentes conceitos teóricos para sustentar suas pesquisas. Confira a seguir os termos essenciais da psicanálise:

Inconsciente
Freud demonstrou que a maior parte da vida psíquica se desenrola sem que tenhamos acesso a ela. Ali se encontram principalmente ideias reprimidas que aparecem disfarçadas nos sonhos e nos sintomas neuróticos.

Ego

A parte organizada do sistema psíquico que entra em contato direto com a realidade e tem a capacidade de atuar sobre ela numa tentativa de adaptação.

O ego é mediador dos impulsos instintivos do id e das exigências do superego.

Id

Fonte da energia psíquica, é formado por pulsões e desejos inconscientes.

Sua interação com as outras instâncias é geralmente conflituosa, porque o ego, sob os imperativos do superego e as exigências da realidade, tem que avaliar e controlar os impulsos do id, permitindo sua satisfação, adiando-a ou inibindo-a totalmente.

Superego

É formado a partir das identificações com os pais, dos quais assimila ordens e proibições. Assume o papel de juiz e vigilante, uma espécie de autoconsciência moral.

É o controlador por excelência dos impulsos do id e age como colaborador nas funções do ego. Pode tornar-se extremamente severo, anulando as possibilidades de escolha do ego.
Pulsão

Conceito situado na fronteira entre o psíquico e o somático. A pulsão é a representante psíquica dos estímulos que se originam no organismo e alcançam a mente.

É diferente do instinto, pois não apresenta uma finalidade biologicamente predeterminada, e é insaciável, pois tem relação com um desejo, e não com uma necessidade.

Sonhos
Caminho de ouro para o acesso ao inconsciente. A interpretação do conteúdo dos sonhos revela desejos e percepções que de outro modo não chegariam à consciência.

Todos os escritos de Freud são extremamente técnicos e muitas vezes complexo, é necessário ao ler algum tema freudiano, raciocinar a respeito do tema lido, retomar e estudar as escritas, do contrario, ao ler apenas por ler aconselho o leitos preguiçoso a não ler, pois as obras freudianas requer estudo e não apenas leituras.

Complexo de Édipo

Entre dois e cinco anos, aproximadamente, a criança desenvolve intenso sentimento de amor pelo genitor do sexo oposto e grande hostilidade pelo do próprio sexo.

Evidentemente isso se da no inconsciente da criança que mesmo após grande esforço dos genitores para que seu sono chegue e a criança venha a descansar, caso os genitores resolvam namorar percebam que a criança acorda e chama pelo genitor do sexo oposto apenas para interromper a relação, que no caso infantil, se desdobra pela energia, ondas eletromagnéticas detectadas pela criança junto com um sentimento de perda.

Em resumo, a criança tem um sensor de ligação muito forte com seu genitor do sexo oposto, muitas vezes ela não adormece, apenas cochila e se mantém atenta.

Tais sentimentos geralmente são vividos com grande ambivalência.

O conflito costuma declinar por volta dos cinco anos, e uma boa estruturação da personalidade depende de sua resolução satisfatória.

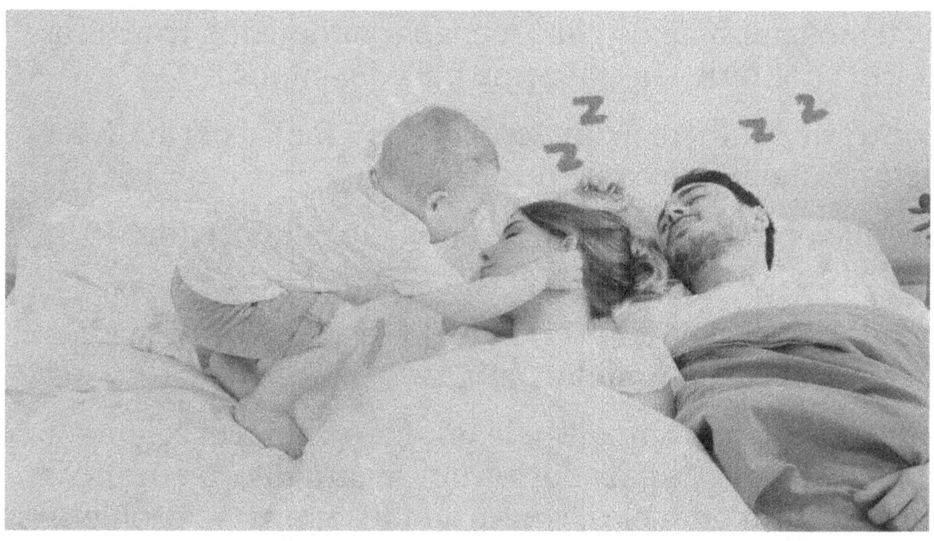

Muito se tem escrito sobre a vontade dos filhos irem dormir para a cama do casal e se os pais devem ou não permitir.

Mas fala-se menos sobre a vontade dos pais terem os filhos a dormir com eles, e, em alguns casos, a permanecer lá durante anos.

De uma maneira geral, aconselha-se que a criança durma sozinha a partir do quarto ou sexto mês de vida, no sentido de favorecer o desenvolvimento da sua autonomia.

Para que a criança possa desenvolver a "capacidade de estar só"

O desenvolvimento da "capacidade de estar só" está dependente do vínculo mãe-bebé.

São as características deste vínculo que determinam se este processo será mais fácil ou mais difícil.

Nem sempre são os filhos a ir para a cama dos pais. Há casos em que acontece o contrário.

Devido aos medos que a criança manifesta na hora de adormecer muitos pais (a mãe ou o pai) dormem na cama dos filhos e por lá ficam.

Uns ficam umas horas, outros uns dias.

Mas temos também os pais que, aparentemente, trocaram de forma definitiva, a sua cama pela dos filhos.

O contrário também acontece, com os filhos a permanecer indefinidamente na cama dos pais.

Este funcionamento, de tão prolongado, adquire um carácter de normalidade.

Em ambos os casos a intimidade do casal está ameaçada ou, pelo menos, condicionada.

Muitas vezes, o nascimento de um filho é uma excelente justificação para os pais dormirem separados ou porem os filhos a dormir com eles, contornando, assim, os problemas pré-existentes no casal.

Ao mesmo tempo, o nascimento de um filho mexe, em certos casos, profundamente com a vida do casal:

O cansaço físico e emocional; a mãe que não aceita o seu corpo depois da gravidez, e por isso se afasta para não ter contacto íntimo com o parceiro; o pai que sente ciúmes do tempo que a mãe dedica ao filho; a diminuição do desejo sexual; etc.

Por vezes as mães sentem-se culpadas por continuarem a ser mulheres, depois da maternidade.

É como se o novo papel de mãe, para ser exercido plenamente implicasse recusar a sua feminilidade, e as coisas a ela associadas.

É muito importante que <u>o pai</u> não se afaste como homem e faça sentir à mãe que ela ainda é uma mulher desejada e com desejos.

Isto é importante para o casal como para o filho, na medida em que a mãe não busca somente na criança a gratificação afetiva.

Existem casos em que as mães têm medo de que algo fatal possa acontecer com o bebé se não dormirem com ele.

Passam grande parte da noite acordadas a ouvir o batimento cardíaco do bebê e a respiração, para se assegurarem que continua vivo.

Normalmente, isto está associado a sentimentos de culpa.

Por vezes, a ansiedade, o medo e a angústia dos pais é apaziguada de forma mais cômoda colocando os filhos a dormir com eles na cama do casal.

Nos casos em que um filho passou por uma situação traumática, ou na elaboração de certas perdas, dormir com a criança durante um tempo pode ser importante para recuperar a confiança e, aos poucos, voltar para a sua cama.

Nos casos em que a cama é compartilhada, é habitual que a criança durma com os pais, sempre ou alternadamente até chegar aos dois ou três anos de vida e depois vá para o seu quarto, sem qualquer implicação emocional para a criança ou para os pais.

Portanto, no nosso caso, a questão não é dormir ou não dormir na cama do casal, mas saber o que leva os pais a fazerem-no.

Podemos dizer que as coisas vão bem quando é a criança que quer dormir com os pais e não tanto, quando são os pais que precisam de dormir com os filhos.

São muito extensos cada um dos temas aqui mencionados, se fossemos estudar cada tema contido neste que é um resumo do resumo, bem resumido, porém ao abordar cada tema dentro de sua complexidade, teríamos um livro gigantesco para cada um deles.

Porém posso afirmar que grande parte dos traumas, patologias na adolescência e até mesmo principalmente na fase adulta, sim, Sõ conseqüências de algo lá atrás na infância ou até mesmo na fase como já foi mencionado, intra uterina,podem e com certeza houve uma semente deste "mau atual", pois a arvore dos traumas, patologias, foi crescendo e se desenvolvendo ao longo dos anos que se passaram e quando o problema vem a tona, este problema é apenas ou são estes problemas frutos dessa arvore que cresceu no inconsciente do ser humano.

Esta obra foi criada para chamar a atenção do despertar da psicanálise em todas as pessoas que se interessam pelo tema. Por isso deixo lacunas, preencha-as e busque maior entendimento no assunto, psicanálise é tema livre, vá a luta, mas jamais busque aprender em cursos rápidos, pois a psicanálise tem seu tempo de aprendizado e este se estenderá por toda a vida do psicanalista, este deverá fazer parte de uma associação psicanalítica e deverá ser supervisionado, pois o psicanalista irá trabalhar com a psique do ser humano e é extremamente necessário que se tenha ciência absoluta das responsabilidades que esse caminho trás ao psicanalista.

O leitor neste momento está se perguntando:

" O autor fala de um tema, deixa varias lacunas abertas e muda o tema do nada, como assim? "

Calma, muita calma nessa hora, controle sua ansiedade antes que ela tome conta de você leitor.

Simples, vamos abordar algumas patologias a partir de agora, ou seja, simplesmente vamos mudar de assunto.

A Psicopatia, Dr. Robert Hare

Um dos estudiosos mais proeminentes, o Dr. Robert Hare passou quase quatro décadas engajado em pesquisas sobre a natureza e as implicações da psicopatia. Hare é professor emérito da Universidade da Colúmbia Britânica e faz parte do Conselho de Pesquisa do Centro de Recursos Investigativos de Sequestro e Assassinato em Série do FBI (CASMIRC), que presta consultoria em investigações de desaparecimentos de crianças, homicídio infantil, sequestro e assassinato em série.

Publicou e co-publicou inúmeros artigos sobre psicopatia e em conjunto com seus colegas, ofereceram a versão inicial do PCL em 1980. Hare também desenvolveu a sua versão revisada, o Psychopathy Checklist-Revised (PCL-R), para a avaliação confiável e válida do transtorno de psicopatia, sendo esse e seus derivados, um dos instrumentos mais precisos para avaliar o risco de reincidência dos infratores.

"Hare entrou em contato com psicopatas como psicólogo da prisão para a Penitenciária da Colúmbia Britânica, uma prisão de segurança máxima perto de Vancouver.

O primeiro detento a visitá-lo foi "Ray", que puxou uma faca e disse que ia usá-la em outro preso (mas não o fez). Esse ato colocou Hare em uma posição embaraçosa: ele poderia denunciá-lo ou ficar quieto e, assim, violar as regras.

Ele optou por não denunciá-lo, o que deu a Ray a vantagem que procurava. Durante o restante do período de Hare na prisão, Ray o atormentou com pedidos de favores, muitas vezes mentindo sobre por que ele precisava deles e não demonstrando vergonha quando pego em uma mentira.

Na verdade, ele geralmente estava pronto para se cobrir com mais uma mentira. Hare achou Ray infinitamente frustrante e mesmo assim ficou interessado no tipo de pessoa que encanta, mente com facilidade, não tem responsabilidades e gosta de manipular os outros."

Em seus estudos, Hare acabou conhecendo e impressionando-se com o trabalho de Hervey Cleckley, cujo livro de 1941, *The Mask of Sanity*, neste trabalho, Cleckley definiu dezesseis traços do tipo de pessoa que Ray havia sido.

Hare usou as ideias de Cleckley como base para seus próprios projetos e, durante as décadas de 1970 e 1980, tornou-se uma figura central para pesquisadores que tentavam codificar a pesquisa sobre o psicopata.

O PCL-R é uma escala de avaliação clínica, não um teste de autorrelato. A pessoa que está sendo avaliada não responde às perguntas, como acontece com outros testes psicológicos.

Em vez disso, um psicólogo ou psiquiatra qualificado, familiarizado com o procedimento de avaliação, completa a avaliação com base em uma entrevista detalhada e uma revisão das informações contidas nos registros da pessoa.

Então, para cada traço ou característica, o psicólogo ou psiquiatra deve fazer um julgamento sobre se cada um se aplica ou não à pessoa que está sendo avaliada. Para cada característica, vários critérios e testes devem ser aplicados.

Se o avaliador julgar que uma pessoa tem claramente uma determinada característica, então 2 pontos são adicionados à pontuação total; se uma característica se aplica apenas parcialmente ou às vezes, apenas 1 ponto é adicionado ao total.

E se uma característica simplesmente não se aplica à pessoa, nada é adicionado ao total.

Como existem vinte traços no PCL-R, alguém pode receber uma pontuação total de 0 (significando sem psicopatia) a um máximo de 40 (uma combinação perfeita para o psicopata protótipo).

Os 20 itens que corresponderiam a esses dois fatores na escala de classificação de psicopatia PCL-R de Hare seria:

- Falar/Charme superficial.
- Egocentrismo/Sentido grandioso de auto-estima.
- Necessidade de estimulação/tendência ao tédio.
- Mentira patológica.
- Direção/Manuseio.
- Ausência de remorso e culpa.
- Pouca profundidade de afetos.
- Insensibilidade/Falta de empatia.
- Estilo de vida parasitário.
- Falta de controle comportamental.
- Conduta sexual promíscua.
- Problemas de comportamento precoce.
- Falta de metas realistas de longo prazo.
- Impulsividade.
- Irresponsabilidade.

- Incapacidade de aceitar a responsabilidade por suas ações.
- Vários relacionamentos conjugais curtos.
- Delinquência juvenil.
- Revogação da liberdade condicional.
- Versatilidade criminal.

CARACTERIZAÇÃO DO INSTRUMENTO

A PCL-R é composta basicamente por uma entrevista semi-estruturada que dura, em média, uma hora e meia a duas horas a ser administrada, podendo ser repartida por várias sessões e que abarca os principais aspectos da vida do sujeito de forma bastante detalhada.

Resumimos em baixo os grandes grupos de questões constantes da entrevista:

- Histórico Escolar;
- Histórico Profissional;
- Objetivos Profissionais;
- Situação Financeira;
- Saúde;
- Vida Familiar;
- Relacionamentos Interpessoais e Sexuais;
- Consumo de Drogas;
- Comportamento Anti-social na Infância e Adolescência;
- Comportamento Anti-social Adulto;
- Questões Gerais;
- Outras Informações.

Hare em seu livro Sem Consciência, define "Psicopatia" como sendo: " um transtorno de personalidade, definido por um conjunto distinto de comportamentos e traços de personalidade inferidos, a maioria dos quais a sociedade vê como pejorativos".

Segundo Hare, dentre as características mais devastadoras da psicopatia estão o desrespeito insensível aos direitos dos outros e a propensão a comportamentos predatórios e violentos. Sem remorso, os psicopatas encantam e exploram os outros para seu próprio benefício.

Eles não têm empatia ou senso de responsabilidade, e manipulam, mentem e enganam os outros sem se importar com os sentimentos do próximo. Eles são predadores e parasitas, rápidos em culpar e explorar.

Em "O psicopata na vida de todos, uma discussão entre Adolf Guggenbühl-Craig e James Hillman":

"Essas pessoas são "inválidos psíquicos". Ou seja, falta-lhes a capacidade de amar, de nutrir a vida e a comunidade e de formar laços duradouros com os outros. Eles podem manter conversas, mas rapidamente esquecem o assunto e a pessoa.

Os relacionamentos são estritamente no momento presente, sem exigências. Além disso, essas pessoas não têm nenhum sentimento de vergonha, mesmo quando machucam alguém. Eles não têm noção de dizer a verdade, cumprir uma promessa, estender-se altruisticamente ou pagar dívidas. No entanto, eles têm a capacidade de persuadir os outros de que são pessoas morais porque sabem como adotar comportamentos apropriados quando necessário. Em vez de amor, eles estão intrigados com poder, dominação, manipulação e controle."

O Dr. Robert Rieber escreveu em *Psicopatas na vida cotidiana* que as pessoas com esse transtorno experimentam uma dissociação profunda que afeta o modo como processam a linguagem, se comportam e formam objetivos.

Também os salva de se tornarem psicóticos. O autor ainda argumenta que, por mais que todas as pessoas possuam alguma capacidade de ignorar exigências morais ou sociais, os psicopatas levam essa capacidade ao extremo.

Rieber também destaca que os psicopatas às vezes criam situações de perigo para se sentirem vivos. Eles perdem o controle sobre sua consciência e, assim, não conseguem desenvolver qualquer profundidade de preocupação humana.

Eles podem enganar os outros com uma personalidade pública até que tenham um sério desentendimento com a lei.

Hare também faz uma classificação de diferentes tipos de psicopatas:

Psicopata Primário: é um indivíduo que tem um charme superficial, inteligente, sem ilusões ou pensamentos irracional, informal, insincero, incapaz de sentir culpa ou remorso, falta de julgamento prático e incapacidade de aprender com experiências, egocentrismo extremo, pobreza afetiva e incapacidade amor, relacionamento interpessoal ruim e tem dificuldade seguir um plano de vida estável.

Psicopata Secundário: corresponderia a um indivíduo capaz de mostrar culpa e remorso, pode estabelecer relacionamentos afetiva, seu comportamento seria motivado por problemas de neurótico.

Psicopatas Dissociais: seriam indivíduos que apresentam comportamentos anti-social e pertencente a um mundo marginal e possuir ou ter própria subcultura.

Eles teriam uma personalidade "normal" e seriam capazes de funcionar adequadamente dentro de seu grupo, expressar lealdade, sentimento de culpa e afeição.

As principais características da psicopatia que podem ser extraídas as diferentes definições e estudos realizados por diferentes autores são:

- Ausência de alucinações ou outras manifestações de pensamento irracional
- Ausência de nervosismo e qualquer tipo de manifestação neurótico
- Charme externo superficial e inteligência notável
- Egocentrismo patológico
- Grande pobreza de reações afetivas básicas
- Sexualidade impessoal, promíscua, trivial e mal integrada
- Falta de sentimento de culpa e vergonha (remorso)
- Mentiroso, manipulador não confiável e patológico
- Perda específica de intuição
- Incapacidade de seguir qualquer plano de vida e estabelecer planos futuros de longo prazo.
- Auto-estima exagerada (auto-estima elevada, narcisista e arrogante)
- Ameaças de suicídio raramente realizadas
- Raciocínio insuficiente ou falta de capacidade de aprender com experiência vivida
- Falar
- Irresponsabilidade nas relações interpessoais
- Comportamento de fantasia e abuso de álcool
- Busque novas sensações e estímulos constantes
- Baixa ou nenhuma tolerância à frustração.

O Cérebro

A disponibilidade do PCL-R e do PCL: *Screenings Version* mais curto (PCL: SV) permitiu que as pessoas conduzissem pesquisas extensas sobre todos os aspectos da psicopatia, incluindo suas bases neurológicas.

Uma área particular de interesse tem sido a maneira pela qual os psicopatas processam o material emocional, incluindo palavras e imagens emocionais.

Os pesquisadores Yaling Yang, Adriane Raine e seus colegas usaram imagens de ressonância magnética funcional para estudar o córtex pré-frontal no cérebro de doze homens conhecidos por sua capacidade de mentir, trapacear e manipular em uma extensão considerada patológica – uma característica de psicopatas.

Quando comparados com indivíduos normais e até mesmo outros tipos antissociais, ele e seus colegas descobriram que os mentirosos mostraram um aumento de 22% a 26% na substância branca pré-frontal e uma redução de 36% a 42% na proporção de substância cinzenta/branca pré-frontal.

Como as crianças autistas, que têm dificuldade em mentir, apresentam um padrão inverso, os pesquisadores sugeriram que os mentirosos têm um déficit cerebral estrutural que lhes permite:

uma maior capacidade cognitiva para elaborar narrativas complexas e;
uma diminuição da inibição contra tendências antissociais.

Os resultados de vários experimentos de varredura do cérebro, usando ressonância magnética funcional (fMRI) indicam que os psicopatas não mostram os mesmos padrões de respostas cerebrais sao material emocional verbal e visual que os indivíduos não psicopatas.

Enquanto as pessoas normais mostraram uma resposta cerebral diferente para palavras e imagens emocionais do que para materiais neutros, os psicopatas responderam da mesma forma a cada tipo de material.

Embora o PCL-R tenha sido desenvolvido com populações infratoras, ele também tem sido usado com outros grupos, incluindo pacientes psiquiátricos e a população em geral.

Para este último, no entanto, um instrumento mais adequado é um derivado do PCL-R, o Psychopathy Checklist: Screening Version (PCL: SV), desenvolvido por Hare e seus colegas.

Os itens do PCL: SV estão listados abaixo e são pontuados da mesma forma que o PCL-R é pontuado. A pontuação total no PCL de doze itens: SV pode variar de 0 a 24.

(As siglas dos testes não foram colocadas aqui propositalmente, aliás a obra foi escrita dessa forma propositalmente para despertar o estudo sobre a psicanálise)

Podemos dividir a personalidade do psicopata em um modelo composto de quatro fatores ou domínios-chave.

O domínio interpessoal descreve como os psicopatas se apresentam para outros, o domínio afetivo inclui o que eles sentem ou não sentem emocionalmente, o domínio estilo de vida descreve como eles vivem em sociedade e o domínio antissocial descreve sua propensão a comportamentos antissociais.

Observe que a pontuação de cada item requer qualificações profissionais, aderência às instruções de pontuação no PCL: Manual SV e acesso a entrevistas extensas e informações colaterais.

Descrições mais extensas são fornecidas no livro Sem Consciência.

Domínios e Traços do Psicopata [do PCL: SV]
Interpessoal Afetivo
A pessoa é: A pessoa:

  Superficial • Falta remorso
  Grandioso • Falta empatia
  Enganador • Não aceita responsabilidade
  Estilo de vida Antissocial
  A pessoa: A pessoa tem um histórico de:
  É impulsivo • Controles comportamentais ruins
  Falta metas • Comportamento Anti-social Adolescente
  É irresponsável • Comportamento antissocial adulto

O que é um escore PCL-R alto o suficiente para justificar um diagnóstico de psicopatia?

A maioria das pessoas na população geral pontuaria menos de 5 no PCL-R, enquanto a pontuação média para criminosos do sexo masculino e feminino é de cerca de 22 e 19, respectivamente.

Uma pontuação de corte de 30 normalmente é usada para identificar psicopatas, embora alguns pesquisadores e médicos usem uma pontuação de 25 ou superior para fins de pesquisa. Cerca de 15 por cento dos homens delinqüentes e cerca de 10 por cento das delinqüentes do sexo feminino obtêm uma pontuação de pelo menos 30.

O PCL: SV tem menos itens do que o PCL-R, mas os escores desses dois instrumentos têm o mesmo significado teórico e prático.

A maioria das pessoas na população geral pontuaria menos de 3 no PCL: SV, enquanto a pontuação média para criminosos é de cerca de 13. Uma pontuação de corte de 18 é normalmente usada para um diagnóstico de psicopatia.

Qualquer que seja a pontuação de corte usada, os indivíduos que atingem ou excedem a pontuação são claramente diferentes daqueles com pontuações mais baixas.

Se essa diferença é de tipo ou de grau ainda não está bem estabelecido, embora a evidência científica mais recente seja de que a última seja a mais provável.

Existem psicopatas por toda parte, o mais notório e evidente é o estelionatário, sim pois ele finge ao máximo, não sente absolutamente nem uma compaixão ou arrependimento pelo que fez e ainda ri na face da justiça.

Por favor não confundam serial killer ou matador em serie com o psicopata que pode ser detectado seu problema através de tomografia computadorizada, pois a psicopatia vem de um defeito já no útero materno, é a amídala dividida, este já nasce psicopata que também pode se desenvolver devido a traumas de infância, tais como abuso sexual excessivo, maus tratos, castração excessiva.

Tudo o que excede faz mal, até mesmo a benevolência do ser.

Sou um psicopata?

Uma lista de características psicopáticas frequentemente evoca preocupação ou uma superação.lampejo facial de insight. "Meu Deus, John é impulsivo e irresponsável. Talvez ele seja um psicopata!" Ou, "Eu sou um tomador de risco e durmo muito. Puta merda, eu sou um psicopata!" Talvez sim, mas apenas se muito mais das características relevantes estiverem presentes.

Pense na psicopatia como um continuum multidimensional, muito parecido com a pressão arterial, que pode variar de perigosamente baixa a perigosamente alta.

Podemos nos referir a indivíduos com pressão arterial sistólica e diastólica muito baixa ou alta como hipotensos e hipertensos, respectivamente. Entre esses dois extremos há uma gama de pressões, algumas consideradas normais e outras refletindo vários graus de preocupação, mas ainda não patológicas.

Da mesma forma, o número e a gravidade (densidade) dos sintomas psicopáticos varia de quase zero, talvez deslizando para a santidade, a anormalmente alto, subindo em grandes problemas.

Referimo-nos aos que estão na extremidade superior como psicopatas; eles têm uma dose extremamente pesada das características interpessoais, afetivas, de estilo de vida e anti-sociais que definem a psicopatia.

A maioria das pessoas cai entre esses extremos, mas principalmente para a extremidade inferior. Aqueles na faixa intermediária têm um número significativo de características psicopáticas, mas não são psicopatas no sentido estrito do termo.

Seu comportamento dependeria da combinação específica de recursos que eles possuem. Certamente, muitos não serão cidadãos exemplares ou pessoas muito agradáveis, mas outros podem ser descritos como obstinados, divertidos, orgulhosos, agressivamente ambiciosos, seriamente pragmáticos ou difíceis.

Transtorno de personalidade narcisista

O narcisismo, nome dado ao <u>transtorno de personalidade narcisista</u>, é caracterizado por um padrão comportamental em que o indivíduo acredita ser único e superior frente aos demais a partir de fantasias irreais de sucesso.

A pessoa narcisista superestima a própria capacidade, exagera suas realizações e, normalmente, tende a subestimar a capacidade das pessoas ao seu redor. Dessa forma, o narcisista pensa e percebe o mundo de forma diferente da maioria das pessoas.

Significado de narcisismo

O termo "narcisismo" faz referência ao mito de Narciso, personagem da mitologia grega que representa a vaidade e a insensibilidade. Segundo o mito, Narciso era um jovem tão belo e tão vaidoso que, após desprezar várias pretendentes por achar que nenhuma era tão boa quanto ele, acabou se apaixonando pelo próprio reflexo.

Obcecado com a própria imagem, refletida em uma fonte de água, Narciso faleceu de sede e fome, pois não conseguia fazer outra coisa que não admirar a si mesmo.

O termo foi introduzido na psiquiatria no final do século XIX, por Havelock Ellis. Atualmente, o narcisismo é um conceito da psicologia analítica, introduzido por Sigmund Freud em seu livro "Sobre o narcisismo".

Em 1910, Freud introduziu o termo narcisismo no discurso psicanalítico para se referir à escolha sexual dos invertidos, como eram chamados os homossexuais na época.

O texto *Introdução ao narcisismo* é considerado um dos mais importantes da obra de Freud, além de ser um marco na evolução de seu pensamento.

Nele o autor reelabora o conceito de narcisismo, define melhor tanto as instâncias do Eu, quanto a do ideal do Eu, que posteriormente levará Freud a conceituar o Super Eu.

Além disso, esse texto expressa a controvérsia acerca da teoria da libido, uma das razões de rompimento entre Freud e Jung.

O termo narcisismo vem da descrição clínica e refere-se a pessoas que tratam o próprio corpo como objeto sexual.

Olha-o, toca nele e o acaricia com prazer e satisfação sexual.

Historicamente, o narcisismo foi concebido como um conceito vinculado à explicação da homossexualidade e à perversão. Contudo, a tese de Freud neste artigo é que ele é mais geral, consistindo numa etapa do desenvolvimento sexual do ser humano. Em suas palavras, "o narcisismo não seria uma perversão, mas o complemento libidinal do egoísmo do instinto de autoconservação, do qual justificadamente atribuímos uma porção a cada ser vivo" (Freud, [1914] 2013, p. 14–15).

Para melhor compreender o funcionamento do narcisismo,

o autor relaciona essa fenômeno com as neuroses e as parafrenias (modo como o autor classifica nessa época a psicose, a esquizofrenia e a demência). Freud observa que em pacientes com *dementia praecox* e esquizofrenia ocorrem megalomania e o abandono do interesse pelo mundo externo (pessoas e coisas). Razão pela qual se furtam à influência da psicanálise. De outro modo, observa-se que na histeria e na neurose obsessiva, não se suspende a relação erótica com pessoas e coisas. Ainda que haja uma renúncia na ação motora para a sua satisfação concreta, a relação libidinal com objetos está mantida na fantasia (introversão da libido). Assim, a megalomania, comum na psicose, é expressão do narcisismo. Para Freud, a onipotência de quem sofre de megalomania é semelhante a encontrada em crianças e povos primitivos, os quais supervalorizam o poder de seus desejos e atos psíquicos, como a crença na magia revela.

Na primeira parte do texto, o autor introduz a diferença entre a *libido do eu* e a *libido de objeto*. Essa diferença se explica a partir do movimento que a libido faz, indo para objetos ou retornando para o eu. Há um investimento libidinal original no eu, o qual posteriormente cede ao objeto. Quanto mais se emprega uma direção para a libido, mais se empobrece a outra. Os extremos da direção da libido seriam o enamoramento (na libido de objeto) e a fantasia do fim do mundo na paranoia (na libido do eu).

Freud se colocou ainda duas questões: i) qual seria a relação entre narcisismo e autoerotismo? ii) E por que separar a libido sexual de uma energia não sexual dos instintos do eu? Não se pode postular uma única energia psíquica?

Para a primeira pergunta, Freud responde que algo se acrescenta ao autoerotismo para que se forme o narcisismo. A unidade separável do Eu não existia desde o começo, ela é uma formação posterior. Assim, deduz que o autoerotismo é uma fase anterior ao narcisismo, em que a instância do Eu está indiferenciada.

A resposta da segunda pergunta é mais complexa e bastante central no argumento da primeira parte do texto.

Importante salientar que, neste trabalho, o autor está em grande medida respondendo a Jung. Freud afirma que está construindo uma ciência edificada sobre a interpretação da empiria. Assim, alguns conceitos são nebulosos a princípio, somente com o caminhar da investigação eles podem se clarear. Ademais, Freud está superando a sua hipótese que separava os instintos sexuais e instintos do eu. Esta concepção de instinto estava alicerçada na separação popular entre "fome" e "amor"; na dupla condição de existência do indivíduo, isto é, ser elo da corrente da espécie humana, mas também ser um fim em si mesmo (indivíduo); bem como tal hipótese encontrava respaldo em bases orgânicas.

Em sua reformulação teórica, neste texto, Freud rejeita a ideia de que a energia sexual, a libido, seja apenas o produto de diferenciação de uma energia que atua normalmente no aparelho psíquico. Para ele, este modo de conceber esta energia não tem nenhum alcance. Como já foi afirmado, Freud está marcando uma posição frente à teoria de Jung.

Para este último, Freud foi obrigado a estender o conceito de libido e a abandonar o seu conteúdo sexual, identificando libido com interesse psíquico propriamente. Além disso, para Jung, a teoria da libido de Freud não teria dado conta da esquizofrenia. De outro modo, para Freud, ele não abandonou a ideia de libido. O caso Schreber revelou que a introversão da libido levava a um investimento no Eu, produzindo o efeito da perda da realidade. Ironicamente, Jung diz que Freud teria chegado à psicologia de um anacoreta ascético, não à *dementia praecox*. Freud responde que tal comparação é inadequada. A erradicação do traço de desejo sexual não precisa mostrar sequer uma colocação patogênica da libido. Pode haver sublimação, a colocação da libido em outros objetos não sexuais (como exemplo, o ideal de pureza, santidade), sem sua introversão para fantasia ou o retorno ao Eu.

Desse modo, Freud sela a sua discordância fundamental com Jung, e reitera a sua concepção de libido, como energia fundamental definidora do funcionamento do aparelho psíquico. Neste texto, introduz que ela pode estar expressa como libido do eu, ou libido de objeto.

Na segunda parte do texto, Freud toma três vias para estudar o narcisismo: a doença orgânica, a hipocondria e a vida amorosa dos sexos.

Primeiramente, o autor segue a sugestão de Sandor Ferenczi sobre a influência da enfermidade orgânica sobre a libido. Freud afirma que a pessoa com dor, desconforto físico, abandona o interesse pelas coisas do mundo externo. Na medida em que não dizem respeito ao seu sofrimento, retira interesse libidinal de seus objetos amorosos. A libido retorna para o Eu, algo que se expressa no egoísmo e na indiferença do doente. Ela somente é reenviada novamente para fora, depois de o doente curar-se.

Na hipocondria ocorre algo semelhante. Interesse e libido são retirados do mundo externo e se concentram no órgão. Como Freud já havia desenvolvido em 1905, todos os órgãos são passíveis de se tornarem zonas erógenas. Assim como nas parafrenias, na hipocondria há um represamento da libido no eu.

Freud argumenta que a psique somente ultrapassa as fronteiras do narcisismo, quando o investimento da libido no Eu superar uma certa medida, a partir da qual, ela pode se dirigir para os objetos. Sendo mesmo necessário que um montante da libido se dirija a objetos. Em suas palavras, "um forte egoísmo protege contra o adoecimento, mas afinal é preciso começar a amar, para não adoecer, e é inevitável adoecer, quando, devido à frustração, não se pode amar" (idem, pg. 29).

No início é indiferente se a descarga da libido corre a objetos reais ou imaginários. A diferença se mostra depois, quando o voltar-se da libido para objetos irreais (introjeção) conduz a um represamento da libido.

Por fim, Freud toma a vida amorosa dos seres humanos para compreender o narcisismo.

De acordo com o autor, crianças e adolescente tomam seus primeiros objetos sexuais a partir de suas vivências primitivas de satisfação. Tais satisfações autoeróticas são experimentadas em conexão com funções de autoconservação. Assim, os instintos sexuais apoiam-se de início na satisfação dos instintos do eu. Apenas mais tarde se tornam independentes destes. Por conta disso, a pessoa encarregada da nutrição, cuidado e proteção torna-se o primeiro objeto sexual da criança. Além disso, a própria pessoa é também um dos dois objetos sexuais possíveis e primitivos do sujeito.

Ainda com relação à vida amorosa, Freud introduz diferentes modos de amar que seriam mais comuns de acordo com o sexo.

"O amor objetal completo, segundo o "tipo de apoio", é de fato característico do homem. Exibe a notória superestimação sexual, que provavelmente deriva do narcisismo original da criança, e corresponde assim a uma transposição do mesmo para o objeto sexual. Essa superestimação sexual permite que surja o enamoramento, esse peculiar estado que lembra a obsessão neurótica, remontando assim a um empobrecimento libidinal do Eu em favor do objeto" (idem, p. 33).

De outro modo, no caso da mulher, ao tornar-se adulta, há um aumento do narcisismo original. Quando bela, há nela uma autossuficiência que compensa a pouca liberdade que a sociedade lhe concede para a escolha de objeto. Para Freud:

"Tais mulheres amam apenas a si mesmas com intensidade semelhante à que são amadas pelo homem. Sua necessidade não reside tanto em amar quanto em serem amadas, e o homem que lhes agrada é o que preenche tal condição" (idem, p. 34).

Este narcisismo da mulher é bastante atraente e sedutor para o homem que investe no amor objetal. Para Freud, algo semelhante também nos seduz na autossuficiência e na inacessibilidade do bebê, do humorista, do criminoso e de certos animais. Apesar de a diferenciação feita entre homens e mulheres, o autor ressalta que há mulheres que amam a moda masculina e o inverso também é verdadeiro. Além disso, mulheres frias e narcísicas em relação ao homem experimentam o amor objetal com os seus filhos.

Na formulação de Freud, a pessoa pode amar conforme o tipo narcísico (libido do eu) ou conforme o "tipo de apoio" (libido de objeto). No primeiro caso, a pessoa ama o que ela mesma é (a si mesma), o que ela mesma foi, o que ela mesma gostaria de ser ou a pessoa que foi parte dela mesma. No segundo caso, ama-se a mulher nutriz ou o homem protetor.

Freud finaliza a segunda parte do texto concluindo que o narcisismo primário pode ser deduzido retrospectivamente. A relação entre pais e filhos faz com que os primeiros revivam o narcisismo que há muito tinham abandonado. Isto se revela no modo como pais superestimam a criança, ocultam e esquecem os seus defeitos, atribuindo somente perfeição a ela. O desejo dos pais é revogar as leis da natureza e da sociedade para o bem estar da criança, tratada como "sua majestade o bebê!", célebre expressão de Freud.

Na terceira parte, Freud comenta que ao observar o adulto normal, é possível identificar que neste a megalomania arrefeceu. De modo que ele se pergunta o que teria ocorrido com a libido do eu? Ela teria ido, em todo o seu montante, para os objetos? Precisamente para responder esta pergunta, o autor elabora o conceito de ideal do Eu.

Para Freud, os instintos sofrem repressão patogênica quando entram em conflito com ideais morais e culturais do indivíduo. E esta repressão vem do auto respeito do eu. Nas palavras do autor:

"As mesmas impressões, vivências, impulsos, desejos que uma pessoa tolera ou ao menos elabora conscientemente são rejeitados por outra com indignação, ou já sufocados antes de se tornarem conscientes. [..] Podemos dizer que uma erigiu um ideal dentro de si, pelo qual mede o seu Eu atual, enquanto à outra falta essa formação de ideal. Para o Eu, a formação do ideal seria a condição para a repressão" (idem, p. 39–40)

Assim, Freud identifica um movimento muito importante para o argumento que estrutura a psicanálise. O narcisismo do sujeito é deslocado para essa instância do Eu ideal. Ou seja, o sujeito não abre mão da satisfação que foi desfrutada devido à perfeição narcísica de sua infância. Ele deseja readquirir a mesma satisfação, ao atingir o ideal do Eu. Desse modo, o ideal de si é o substituto para o narcisismo perdido da infância, na qual ele era o seu próprio ideal.

Contudo, a formação do ideal não se confunde com a sublimação. Esta última ocorre quando "o instinto se lança a outra meta, distante da satisfação sexual, a ênfase recai no afastamento ante o que é sexual" (idem, pg. 40). Enquanto que a idealização é um "processo envolvendo o objeto, mediante o qual este é aumentado e psiquicamente elevado sem que haja transformação da sua natureza" (idem, ibidem). Assim, a sublimação é relativa ao instinto, enquanto que a idealização diz respeito ao objeto. Nas palavras de Freud, "a formação de ideal aumenta as exigências do Eu e é o que mais favorece a repressão; a sublimação representa a saída para cumprir a exigência sem ocasionar a repressão" (idem, p. 41).

Uma instância específica cumpre essa função de medir

continuamente o Eu atual pelo ideal, assegurando a satisfação narcísica a partir do ideal do Eu. A consciência moral possui essas características, sendo ela que incita a formação do ideal do Eu. Algo que passa necessariamente pela influência dos pais, educadores, instrutores, o próximo, até a opinião pública.

A paranoia seria um extremo patogênico da formação do ideal do Eu. Nela combina-se a consciência moral com a auto-observação. São realizadas construções especulativas, as mesmas que fornecem material à filosofia para suas operações intelectuais.

Ademais, Freud faz uma série de considerações sobre o amor próprio. Nas parafrenias ele é aumentado, enquanto que nas neuroses de transferências ele é diminuído. Nestas últimas, o investimento libidinal de objeto não aumenta o amor próprio. Quem ama, perde o amor próprio. O reave quando é amado, ocorrendo satisfação narcísica de objeto.

Freud considera importante distinguir se os investimentos amorosos estão em sintonia com o Eu, ou se ao contrário, experimentam uma repressão. No primeiro caso, o amor é visto como qualquer atividade do Eu. Amar o outro rebaixa o amor próprio, mas ser amado eleva-o novamente. No segundo caso, quando a libido é reprimida, o investimento amoroso em objeto é sentido como grave diminuição do Eu. A satisfação amorosa é impossível. O enriquecimento do Eu torna-se possível apenas retirando a libido dos objetos. O retorno da libido objetal ao Eu representa um amor feliz. Contudo, o real amor feliz corresponde ao estado primordial em que a libido objetal e libido do Eu não se distinguem um do outro.

Para Freud, o desenvolvimento do Eu se dá pelo distanciamento do narcisismo primário, que gera um intenso esforço em reconquistá-lo. Ocorre um deslocamento da libido para o ideal do Eu (imposto de fora) e a satisfação do cumprimento deste ideal. Assim, o Eu se empobrece, mas se enriquece das conquistas do ideal e de objetos. O autor conclui que o amor próprio é fruto do narcisismo infantil, da onipotência confirmada (quando cumpre o ideal do Eu) e da satisfação da libido objetal.

Importante considerar que o ideal do Eu deixa em condições difíceis a satisfação libidinal nos objetos, na medida em que seu censor rejeita partes destes como intoleráveis. O enamoramento ocorre quando há um transbordamento da libido do Eu para o objeto. O ideal sexual pode se colocar num interessante vínculo auxiliar com o ideal do Eu. Ele pode ser usado para a satisfação substituta, quando há obstáculos reais para a satisfação narcísica: "aquilo que possui o mérito que falta ao Eu para torná-lo ideal é amado" (idem, p. 49). Para o neurótico, pode ocorrer um investimento excessivo aos objetos, o que empobrece o seu Eu, sendo incapaz de cumprir seu ideal do Eu. Nesse caso, busca-se o caminho de volta para o narcisismo, podendo ocorrer a escolha de um ideal sexual conforme o tipo narcísico.

Freud termina o artigo comentado que o ideal do Eu é um importante caminho para o entendimento da psicologia da massa. Além desse ideal ser individual, ele é familiar, de uma classe, de uma nação, ou seja, é um ideal comum, social. Posteriormente, em *Psicologia das massas e análise do eu* (1921), Freud vai desenvolver melhor tal argumento, demonstrando como o ideal do Eu coletivo muitas vezes é projetado no líder carismático.

Referências bibliográficas

FREUD, Sigmund. Introdução ao narcisismo (1914). In: FREUD, Sigmund. *Obras completas, volume 12:* Introdução ao narcisismo, Ensaios de metapsicologia e outros tetos (1914–1916). Tradução Paulo César de Souza. São Paulo, Companhia das Letras, 2013 Pg. 13–50.

Causas

A causa do narcisismo patológico ainda é escasso.
Entretanto, está claro que há o envolvimento direto dos
componentes da personalidade habitual: constituição
corporal, temperamento e caráter.

Porém o narcisista nasce dentro do âmbito familiar, sim,
aquela criança consideravelmente mimada pelos pais, que
só ouve o "sim", que os pais vivem apenas elogiando e
colocando na mente infantil que a criança é a mais
inteligente que todas, é a mais bela, é a que mais deve
ostentar e que está acima e além de tudo.

Essa criança vai crescer e desenvolver o narcisismo
patológico, acreditando sim que é superior a tudo e a todos,
porém com cautela aprenderá a mentir para se livrar de
situações em que não foi treinado pelos seus genitores que
lhe ensinaram apenas um lado da vida, o " sim ".

Encontrará entre a adolescência e fase adulta situações
diversas que conduzirá a criança a um estado de choques
emocionais que são naturais nessa fase da vida e formação
do ser, como a primeira paixão, o desejo de ter um carro
bom, um aparelho de celular fantástico e ser o centro das
atenções e do universo.

Fase esta em que o " não ", se torna algo inaceitável e se o
narcisista em formação não souber andar de bicicleta, pois
era muito perigoso cair e se machucar, segundo os pais, não
aprendeu a nadar pois também segundo os pais se tornara
arriscado demais.

Pois bem, a criança não foi devidamente preparada para
enfrentar os dissabores da vida como seria normal e
saudável pra a criança, sua auto estima irá manter-se no
mais baixo patamar possível, sim, o narcisista tem uma auto

estima baixissima e por isso sente-se revoltado com outras pessoas que sabe de um determinado assunto ou possui habilidades que ele não possui devido ao medo que lhe foi imposto e determinado para sua segurança física, enquanto se esquiva os pais da real educação, tornando a criança um ser fragilizado por temores e super proteção.

Fatores genéticos e ambientes podem contribuir para o surgimento do transtorno de personalidade narcisista.

Há teorias que sugerem que a criação dos pais pode ser uma influência para o desenvolvimento da criança, quando, por exemplo, ela é elogiada ou criticada demais.

Sinais

De forma resumida, podemos citar os sintomas do narcisismo da seguinte maneira:

- Sentimento de grandiosidade;
- Necessidade de admiração;
- Falta de empatia;
- Fantasias irreais de sucesso;
- Incapaz de se desculpar;

Senso de se Pacientes com narcisismo apresentam sintomas como sensibilidade à críticas ou derrotas. No entanto, essa característica não é demonstrada sempre e muitos a transmitem a sensação de humilhação, degradação e vazio interno.

Já em alguns casos a reação pode ser de desdém, raiva ou agressivo contra-ataque.

- Sintomas do narcisismo únicos e superiores;
- Intolerância a críticas;
- Exagero de suas habilidades;

- Sentimentos de autoridade;
- Necessidade de atenção e tratamento especial;
- Arrogância;
- Comportamentos autorreferentes;
- Egocentrismo;
- Sérias distorções em suas relações internas com outras pessoas.

Existe, ainda, um esforço enorme para se mostrar humilde a fim de esconder a grandiosidade.

Qual o perfil de uma pessoa narcisista?

A pessoa com transtorno de personalidade narcisista superestima suas próprias habilidades e, por isso, possui uma forte sensação de grandiosidade em tudo o que faz. Ela acredita que é superior aos outros, original ou especial.

Absolutamente tudo que existe no universo só está e existe para o narcisista, o sol é para ele, o mar é para ele, o oceano e as pessoas, são dele

Por isso, a pessoa narcisista também se preocupa constantemente com fantasias de grandes realizações e de ser admirada por sua inteligência ou beleza avassaladora. Por outro lado, ela tem a necessidade de ser constantemente admirada e sua autoestima depende da opinião favorável dos outros em relação a ela.

As relações interpessoais são comprometidas pelos problemas resultantes da presunção, da necessidade de admiração e do relativo desrespeito pela sensibilidade alheia. O desempenho pessoal pode ser perturbado em virtude da intolerância a críticas ou derrotas.

Outro aspecto importante é que esses pacientes, mesmo tendo um prejuízo, muitas vezes apresentam condições financeiras elevadas e bons cargos, não sendo uma regra a presença de dificuldade laboral.

Diagnóstico

Os critérios de diagnóstico do narcisismo devem estar presentes de maneira persistentes desde adolescência, para que o especialista possa dizer realmente que o paciente tem transtorno de personalidade narcisista.

Em geral, é preciso que ao menos cinco das características abaixo estejam presentes para a conclusão de um caso de narcisismo:

Sentimento grandioso da própria importância (por exemplo, exagera realizações e talentos, espera ser reconhecido como superior sem realizações comensuráveis;

Preocupação com fantasias de ilimitado sucesso, poder, inteligência, beleza ou amor ideal;

Crença de ser "especial" e único e de que somente pode ser compreendido ou deve associar-se a outras pessoas (ou instituições) especiais ou de condição elevada;

Exigência de admiração excessiva;

Sentimento de intitulação, ou seja, possui expectativas irracionais de receber um tratamento especialmente favorável ou obediência automática às suas expectativas;

Explorador em relacionamentos interpessoais, isto é, tira vantagem de outros para atingir seus próprios objetivos;

Ausência de empatia: reluta em reconhecer ou identificar-se com os sentimentos e necessidades alheias;

Frequentemente sente inveja de outras pessoas ou acredita ser alvo da inveja alheia;
Comportamentos e atitudes arrogantes e insolentes.

Fatores de risco

Os traços do narcisismo patológico pode ser particularmente comuns em adolescentes, não indicando, necessariamente, que o indivíduo terá um transtorno da personalidade narcisista.

Os homens perfazem 50 a 75% dos indivíduos com o diagnóstico de Transtorno da Personalidade Narcisista.

Tratamento

Não existe um tratamento para narcisismo específico. O que se faz é o uso de medicamentos para tratamento dos transtornos concomitante ao quadro.

Em geral, é feita <u>psicoterapia</u>, que é responsável por dar enfoque aos conflitos primários. A terapia cognitivo-comportamental também pode ser interessante

Tem cura?

Os indivíduos narcisistas podem ter dificuldades especiais no ajustamento ao início das limitações físicas e ocupacionais inerentes ao processo de envelhecimento. Assim, com o tratamento adequado pode ocorrer uma melhora importante das disfunções emocionais e relacionais do paciente.

Prevenção

A identificação de traços do narcisismo e oferta psicoterapia individual e de grupo antes de um agravamento do quadro pode ser fundamental para impedir uma progressão para o transtorno propriamente dito.

Além disso a prevenção e o tratamento dos outros transtornos psiquiátricos é fundamental para proteção desses pacientes com traços de personalidade narcisista que são identificados.

Convivendo (Prognóstico)

Atualmente, é conhecido que a psico educação, ou seja, conhecer mais e mais sobre seu transtorno, é fundamental para adesão ao tratamento, para ajudar na convivência com os familiares, colegas de trabalho e cônjuge.

Sabe-se também que possivelmente pacientes com transtorno de personalidade narcisista terão a psicoterapia como o principal norteador do tratamento de longo prazo.

Complicações possíveis

A maior complicação possível em quadros de transtorno da personalidade narcisista é a presença de outros transtornos psiquiátricos como quadros de depressão, ansiedade, psicose.

Referências

Lucas Gabriel Maltoni Romano, psiquiatra e especialista em Terapia Comportamental (CRM-SP 144.397).

O autor faz acréscimos esclarecedores completando o ciclo de raciocínio da obra.

O Transtorno de Personalidade Narcisista é um dos vários transtornos de personalidade que modificam o comportamento de um indivíduo, desviando-o das expectativas acerca do que é uma boa conduta, segundo as definições culturais, sociais e psicológicas de uma sociedade.

Os padrões atípicos de comportamento se manifestam em duas ou mais das seguintes áreas, segundo o DSM-V:

cognição (formas de interpretação a si mesmo e acontecimentos ao seu redor);

afetividade (intensidade, variação de humor, respostas emocionais adequadas);

funcionamento interpessoal (capacidade de socialização) e controle de impulsos.

É possível perceber essa alteração na personalidade narcisista.

O que é Transtorno de Personalidade Narcisista?

O transtorno de personalidade narcisista é definido como um padrão persistente de grandiosidade, falta de empatia e necessidade de admiração.

As preocupações das pessoas narcisistas estão sempre ligadas ao seu próprio bem-estar e sucesso, por isso, é difícil conviver com elas. Para alcançar os seus objetivos, elas podem tomar atitudes inesperadas que colocam terceiros em desvantagem ou ser emocionalmente manipuladoras.

Todavia, nem todas as pessoas narcisistas possuem más intenções. Assim como acontece com outras condições, este transtorno de personalidade existe em um espectro. Isso significa que os sintomas se manifestam em intensidades distintas.

No caso do narcisismo patológico, o indivíduo com um grau mais brando toma decisões visando chamar atenção para se sentir bem consigo mesmo. Já em um grau mais elevado, o raciocínio por trás da tomada de decisão também é o benefício próprio, mas o indivíduo não se incomoda em ter atitudes questionáveis para conseguir o que quer.

Como identificar um narcisista: sintomas do transtorno de personalidade narcisista

Pessoas narcisistas podem não apenas tornar a convivência diária difícil, como também tentar interferir na vida de terceiros o tempo todo.

Pais ou mães, por exemplo, desejam controlar a vida dos filhos na tentativa de viver através deles.

Colegas de trabalho querem colocar outros profissionais para baixo para tentar se destacar no <u>ambiente de trabalho</u> ou, ainda, sabotá-los.

Cônjuges ignoram os sentimentos do parceiro e preocupam-se apenas com as suas próprias necessidades emocionais.

Tentar conversar com pessoas narcisistas na tentativa de melhorar o relacionamento ou encorajá-las a ver a realidade tampouco é fácil.

Narcisistas dificilmente escutam os outros, pois acreditam estar sempre certos. É preciso ter paciência para ajudá-los a ver as coisas sob outra perspectiva.

Para a pessoa com personalidade narcisista, ela não está errada. Os sintomas deste transtorno de personalidade fazem com que ela tenham uma visão diferenciada da realidade e de si mesma. Em seguida, confira alguns desses sintomas.

1. Sensação de grandiosidade

Narcisistas possuem <u>autoestima</u> inflada. Eles se sentem superiores ao demais simplesmente pelo fato de serem quem são. Acreditam, ainda, haver uma razão especial que os torna diferente de outras pessoas e que merecem tratamento diferenciado. Essas crenças os tornam arrogantes e os incentivam a destratar pessoas que acreditam ser inferiores.

2. Necessidade excessiva de atenção

A necessidade excessiva de atenção molda vários comportamentos dos narcisistas. Eles podem ter atitudes e tomar decisões somente visando a possibilidade de receber algum reconhecimento em troca.

Enquanto algumas são comuns, como responder a um pedido de ajuda para impressionar alguém, outras são mais prejudiciais, como se expor em demasia nas redes sociais.

Apesar de ganhar a atenção desejada, a pessoa pode ter dificuldade para gerenciar o estresse e ansiedade proveniente de comentários negativos e da necessidade de estar sempre online.

3. Mentiras

O narcisista pode mentir para se safar de uma situação desagradável ou mentir sobre os eventos de uma situação para se colocar em uma posição de maior importância.

Quando alguém o contradiz com a verdade, a tendência é tornar a mentira mais complexa para não admitir o erro.

4. Comportamento de vítima

Como pessoas narcisistas não acreditam que estão erradas, se fazem de vítima quando são confrontadas por suas atitudes.

Mesmo que tenham sido o pivô da situação desagradável, elas têm dificuldade para assumir a responsabilidade por suas ações e tomar atitudes para remediar os seus erros.

Narcisistas também tentam colocar a culpa em terceiros ou desviar o foco para o comportamento de outra pessoa para reduzir a atenção negativa.

5. Preocupações com coisas pequenas

A preocupação com o sucesso, conduta exemplar, dinheiro, status, amigos influentes, admiração, roupas de grife e carros luxuosos é constante.

A pessoa com personalidade narcisista acredita que fatores que a colocam em uma posição de destaque na sociedade são extremamente importantes, por isso, se preocupa com detalhes pouco significativos na tentativa de chegar onde quer estar.

Além disso, deixa de conceder importância a fatores como relacionamentos afetivos, saúde mental, família, sinceridade, amizade, companheirismo, amor e altruísmo, os quais possuem grande impacto na sua saúde mental.

6. Inveja

A inveja é uma emoção recorrente na vida de um narcisista. Ele possui dificuldade para ficar feliz pelas conquistas dos outros, desejando sempre ser o centro das atenções e o merecedor de coisas boas.

7. Falta de empatia ou empatia reduzida

A pessoa narcisista tem dificuldade para se colocar no lugar do outro. Consequentemente, não consegue compreender a magnitude do impacto das suas ações em outros indivíduos. Como, então, se desculpar por algo que você acredita não ser tão ruim assim? Essa é outra razão pela qual é difícil fazer com que a pessoa narcisista perceba e aceite os seus erros.

8. Dificuldade de aceitar críticas

Pessoas narcisistas são sensíveis às críticas. Por terem uma postura arrogante, pode não parecer que, na verdade, elas precisam de validação para sentirem confiantes. Sendo assim, quando recebem críticas em vez de elogios, não conseguem gerenciar o estresse oriundo dessa situação, ou pensar racionalmente para <u>mudar</u> o seu comportamento.

Causas do narcisismo

Primeiramente, é preciso ressaltar que é possível ter traços narcisistas e não ser um narcisista clinicamente diagnosticado.

Adolescentes, por exemplo, apresentam características narcisistas em razão do estágio do desenvolvimento cognitivo em que se encontram. Entretanto, isso não quer dizer que tenham ou irão desenvolver este transtorno de personalidade. O mesmo se aplica a pessoas com tendência a ser arrogantes e egocêntricas.

Ele é o resultado de uma combinação de fatores, como ambiente familiar desfavorável, convivência com uma pessoa com o diagnóstico de personalidade narcisista e componentes genéticos.

A necessidade de ser sempre o melhor para conseguir aprovação é mais presente em quem cresceu com pais excessivamente exigentes, podendo ser um gatilho para o desenvolvimento dessa condição. Por outro lado, pais que elogiaram e favoreceram o filho de maneira exagerada ao longo do seu desenvolvimento também podem contribuir para o surgimento da personalidade narcisista.

Crescer com um pai ou mãe narcisista pode causar problemas emocionais, como <u>ansiedade</u>, <u>medo</u> de errar e perfeccionismo exagerado, ou ser um gatilho para o desenvolvimento da condição.

O filho replica os comportamentos dos pais sem ter consciência de quão nocivos eles são.

Existe tratamento para o Transtorno de Personalidade Narcisista?

É possível tratar o transtorno de personalidade narcisista. O tratamento desta condição é o mesmo que o dos demais transtornos de personalidade: a psicoterapia. Algumas abordagens psicológicas que ajudam pacientes com personalidade narcisista são:

Psicodinâmica:

Assim como a psicanálise, essa abordagem tem como foco a identificação de padrões inconscientes de pensamentos, condutas e sentimentos. Deste modo, pacientes são levados a identificar emoções e crenças reprimidas cuja influência inconsciente no comportamento colabora para o mal-estar emocional.

Terapia Cognitivo-Comportamental:

abordagem focada em substituir padrões disfuncionais de comportamento e pensamento por alternativas saudáveis, promovendo mais bem-estar e produtividade na vida dos pacientes.

Para o narcisista, esse tipo de terapia pode ser interessante, dado que a necessidade de elogios dele pode torná-lo mais favorável a ouvir o psicanalista.

Para dar início ao tratamento, é preciso marcar uma consulta com um psicanalista e fazer uma avaliação psicológica. No entanto, o narcisista dificilmente aceita fazer terapia.

Mesmo ciente da preocupação de pessoas queridas, como familiares, amigos ou cônjuge, com o seu comportamento ou do estresse provocado por problemas constantes, ele não aceita que pode haver algo de errado com ele.

O que costuma acontecer é a busca pelo psicanalista ou médico por outras razões, como depressão, ansiedade, estresse, insatisfação com a vida, alcoolismo e solidão.

Quando o médico é o primeiro a ser procurado, o profissional faz o encaminhamento para a terapia para uma investigação mais profunda do quadro psicológico do paciente. Já quando o psicanalista é a primeira opção, os sintomas do transtorno de personalidade são identificados ao longo das sessões de terapia.

O diagnóstico pode despertar emoções distintas e até estimular uma depressão. Por isso, é importante dar continuidade à terapia para receber o devido apoio

fonte

American Psychiatric Association (2000). Manual Diagnóstico e Estatístico de Transtornos Mentais (revista 4th ed.) . Washington , DC

A patologia é extremamente complexa quando o assunto é o narcisismo, pois em poucas palavras ele, o narcisista ao contrário do psicopata tem sentimentos, é uma pessoa aparentemente normal, porém ele mira uma primeira vítima onde irá aplicar seus feitos mentirosos, enganatórios para sua satisfação e prazer.

O narcisista se alimenta do vitimismo depois de conseguir irritar ao máximo sua vitima, leva a vitima ao estresse e quando esta se irrita e reage com palavras contra o narcisista, este, o narcisista se vitimiza, colocando sua vitima como agressor físico ou verbal.

Normalmente ele causa esse desconforto usando de suas próprias palavras e ações ou utilizando de segunda ou terceira vitimas para atingir seu propósito de incomodar a primeira vitima.

Citarei aqui um exemplo simples, mas que serve como referência de como o narcisista age:

Exemplo:

A esposa narcisista inicia uma arrumação de malas e começa a chorar, mas faz isso exatamente quando o marido está para chegar em casa.

O marido chegando e vendo a cena se preocupa e tenta dialogar com a esposa que come a indagar que recebeu um telefonema de uma outra mulher dizendo ser a amante do marido e que ambos estariam apaixonados e que ele, o marido assumiria o relacionamento e ela logo perderia o posto de esposa.

A principio parece ser apenas uma cena comum de ciumes, mas não é.

O marido tenta se explicar e entender toda aquela cena, sem jamais ter conhecido a suposta amante, mas a esposa segue seu drama com lágrimas deslizando pela face, olhos avermelhados e começa a se vitimar por haver dado tanto e feito tanto pelo casamento, seu amor, sua dedicação, seu carinho, sua atenção.

Percebam que neste ponto do texto, o leitor já se esqueceu que a esposa é uma narcisista e fixa sua atenção em saber o desfecho da história?

Pois é, a esposa é narcisista e está apenas tentando e vai conseguir irritar o marido, e este, o marido ao se irritar, o drama muda completamente de contexto, o disco vira, a história muda, pois ao perceber que o marido finalmente se irritou com a situação inexplicável, a esposa inicia o dramático vitimismo.

" Olha só como você me trata, você não é um cavalheiro, é um grosso, etc."

Satisfeita com seu vitimismo, tenta e consegue contornar a situação com o seguinte argumento: " Deve ter sido engano meu amor, desculpe."

Porém ela leva o marido ao estresse e se isso continua, esse relacionamento abusivo pode um dia se transformar em patologia para o marido, tais como problemas cardíacos, pressão alta, até mesmo a morte, o que seria terrível para a esposa narcisista, pois ela perderia sua vítima principal, devendo posteriormente procurar por outro alimento, ou vitima.

Este exemplo nos faz lembrar do "Coringa e Arlequina", vilões do cinema onde a história retrata o vilão Coringa como um narcisista e Arlequina sua companheira que antes era nada mais nada menos que sua psiquiatra.

Porém o narcisista é tão manipulador que na história cinematográfica consegue convencer que o mundo em que vive é um paraíso e o que não lhes é dado, é tomado.

Mas porque o vilão Coringa pinta o rosto?

Para evitar que as pessoas olhem diretamente para seu belo,

único e invejável rosto, o mais belo entre os belos, está é a visão narcisista.

E porque ele, o Coringa jamais matou ou tentou matar Butman nos filmes e histórias de revistas em quadrinhos e no cinema?

Simples resposta, pois o vilão Coringa alimenta seu ego e ID com o sofrimento que causa a Butman, caso o vilão viesse a assassinar sua vitima, perderia seu alimento, sua maior fonte de prazer.

Assim agem toda pessoa com esse transtorno patológico que pode surgir após passar por algum trauma, vergonha ou perda que era de extrema importância para ele antes de se tornar um narcisista, a impressão é de que algo irreversível se quebra em sua psiquê.

A pessoa com o transtorno narcisista patológico, tende a manipular a vitima e a sugar toda a sua identidade até acabar com ela, absorvendo a vitima de maneira em que ela passe a se tornar o que e quem o narcisista deseja que seja para atingir outras vitimas através da primeira.

Assim como o Coringa interpretado pelo ator Joaquin Phoenix faz com a doutora em psiquiatria Dra. Harleen F. Quinzel interpretada por Margot Robbie, exatamente isso.

Um segundo exemplo trata-se de uma história verídica de

alteração comportamental, onde uma mulher passou por um trauma intenso, vindo a ter seu estado comportamental totalmente alterado.

A perda do pai

Conheci em determinada ocasião uma adolescente e nos tornamos muito próximos e convivemos por anos com essa proximidade, ela foi criada com dificuldades pela mãe, ela e seus irmão, devido a falta do pai, pois sua mãe teria sido abandonada quando ainda eram muito novos, ela cresceu, se casou, teve filhos e seu pai então começou a contatar a família abandonada talvez regido pelo arrependimento, começou então a visitar a família que havia deixado, apresentou três novos irmãos e com o tempo se tornaram grandes amigos, a família cresceu separadamente, porém já era tempo de uma convivência pacifica e cheia de carinho por parte de todos.

O pai dessa agora mulher e mãe, residia em um outro estado longe da primeira família, quando em vôo veio a falecer devido a um AVC, acidente vascular cerebral. O corpo foi devolvido sem temperatura, inerte em uma caixa de madeira por suas irmãs por parte de pai e assim que o aeroplano surgiu no ar enquanto a primeira família aguardava a sua chegada deu-se o primeiro gatilho.

Ela, a filha que eu conheci e convivi próximo por anos, caiu em pranto, mas não se tratava de um pranto comum, havia mais que isso naquela crise de choro incontrolável, era notório um desespero, um inconformismo, uma não aceitação do fato.

Pois o retorno tão esperado, tão sonhado por décadas havia ocorrido, mas não da forma como tanto havia desejado.

Deu-se uma lenta porém notória e incompreensível alteração comportamental nessa pessoa, aparentemente buscando preencher o vazio que havia perpetuado, se transformou em uma pessoa irreconhecível para com os familiares, se tornou fria, amarga, arrogante, prepotente, sem o minimo de educação, mostrando-se agressiva em determinadas ocasiões.

Porém fora de sua residência, para colegas de trabalho, vizinhança e estranhos era um amor de pessoa, doce, meiga, educada, uma verdadeira lady.

Talvez viesse de certa forma culpar as pessoas próximas pela morte do pai, pelo tempo de convivência sem ele, não se sabe ao certo o que houve, mas ela precisava preencher o espaço vazio com sua revolta.

Se separou do marido, maltratava a sua filha única e era ríspida com sua neta, porém isso ao mesmo tempo em que caia em prantos na ausência de ambas, isso porque lhe era revelado pelo pré consciente a falta no inicio de sua história decepcionada por um AVC.

Como irritar um narcisista

Quando percebemos que um narcisista inicia seus ataques fazendo-nos de vitima com palavras, basta não dar a minima importância as palavras narcísicas, não se deixando atingir pelas munições disparadas contra a vitima, o narcisista cessa o ataque, porém é sempre bom ter uma estratégia de fuga, pois se ele, o narcisista não consegue atingir a vítima, sua intenção continuará sendo aquela vítima, como no exemplo do Coringa e Butman, porém a pessoa narcista irá tentar atacar pelas bordas da vitima através de conhecidos, amigos, colegas de trabalho.

Sim, ela, a pessoa narcisista vai pintar sua imagem para poder assim te atacar de alguma forma, denegrindo sua imagem no ambiente da vítima, pois o narcisista é extremamente ardiloso, manipulador, creio que seu maior poder é o de manipulação.

Cuidado com pessoas ao seu redor, pois após ter um relacionamento de ordem abusiva por parte de um narcisista, raramente a vitima irá novamente depositar sua confiança em outra pessoa.

O narcisista é um personagem na rua e em casa é o ator, são pessoas com um poder de persuasão e manipulação absurdamente grande, porém ela não possui a intenção de roubar ou matar suas vitimas, pois elas necessitam dessas ferramentas para seu prazer e conseguir o que desejam, usando não apenas uma, mas várias vitimas.

É uma pessoa centrada que sabe o que diz e estuda todos os pontos fortes e fracos, principalmente os fracos, são amáveis, simpáticas, alegres, oferece a vítima um excelente ouvido para entender a vitima, é atenciosa, carismática, agradável, tem sempre uma palavra de carinho e conforto.

Mas não se deixe enganar por isso, o narcisista está apenas estudando sua vítima e anota em sua memória que por sinal é excelente todas as suas fortalezas que são as primeiras a serem trabalhadas por ele, o narcisista e depois que as destrói passam a atacar os pontos fracos e ai sim vem a dominação total sobre a vitima, até que não precisando mais de seus " favores ", a abandona a própria sorte, sem identidade, pois já nem se lembra mais quem era, o que fazia, do que gostava e passa a viver como uma folha ao vento até que se levanta lentamente ou se entrega as drogas ou suicida-se.

Normalmente ha muitos casos de relacionamentos tóxicos e abusivos devido a haver um narcisista por perto, isso pode acontecer entre casais, familiares, colegas de trabalho, independe de lugar ou situação. Eles estão por toda parte e como já foi dito, os únicos pontos em que se diferem dos psicopatas é que possuem sentimentos.

O narcisista na realidade é uma pessoa com auto estima baixíssima e sem forças para lutar e vencer na vida e é por este motivo que tem essas características, pois ele necessita se convencer o contrário do que realmente é, destruindo pessoas e usando-as, pois são ferramentas que o alavancam para o alto e derrubando as vitimas, se sente no topo, falso topo, pra para ele é o topo dele.

As pessoas não devem dar atenção ao narcisista quando este passar a fazer provocações, o que ele deseja é te chamar para um duelo e quando você tenta se explicar ou se justificar ele vai exaurindo a sua paciência até que ele, o narcisista se faz de vitima. É preciso ter muito equilíbrio mental e emocional, então o máximo que se deve fazer nessas situações é dizer: " Ok, é sua opinião ".

Pense em você, no seu potencial, saiba que se trata de um jogo e você não vai entrar nele, o que ele deseja, pensar nas suas qualidades, pois ele quer apenas criar uma confusão para se fazer de vitima.

As vitimas dos narcisistas são pessoas empáticas, de sorriso no rosto, que gostam de plantas e animais, pessoas felizes, com amigos, que gostam de ajudar ao próximo, espiritualizadas e ele, o narcisista se veste de tudo isso para retirar de você, pois o narcisista não é feliz e ele deseja roubar a felicidade das pessoas para tentar ser feliz. São vitimas perfeitas.

Como alguém que escreve com uma caneta bonita e pega essa caneta para si, o narcisista acredita que se roubar a felicidade da vitima ele a terá, mas não, pois sentimentos, felicidade, empatia, não se rouba. Ou a pessoa tem ou não e o narcisista não tem e nunca terá, e ele sabe disso, mas tenta.

O narcisista vive de máscaras e mesmo quando é descoberto alguma mentira dele, o narcisista não reage a principio, porem ele vai sim se vitimar dizendo que tudo foi feito e dito por culpa da vitima, vai confundir sua mente para que se sinta mal.

A única coisa que não vai acontecer é o que a pessoa que descobriu a mentira desejou ao expor a mentira, pois será ridicularizada perante outras pessoas, irá denegrir a imagem da pessoa que descobriu a mentira, fazendo com que caia e receba olhares tortos de outras pessoas, ou irá se afastar por alguns dias, semanas e volta acusando a vitima. Não desafie a capacidade do narcisista, você vai perder.

Neste caso, o melhor a fazer é se afastar do narcisista e de todos ao seu redor, pois você ou a vitima não tendo conhecimento sobre o narcisismo a vitima já perdeu, as pessoas irão se afastar, olhar de maneira torta, comentar sobre você, pois a difamação é uma das armas do narcisista e você não terá poder contra o narcisista.

Neste caso se distanciar é o melhor a fazer, para se recuperar emocionalmente iniciando seu processo de cura da alma.

O narcisista faz a vitima parecer o vilão da história, o melhor a fazer é se afastar para que a pessoa que convive com um vampiro da alma não adoeça, não se deprima, a relação independente de qual for é extremamente tóxica.

Ah sim, a pergunta que não quer calar: Como reconhecer um narcisista?

Na mente do narcisista, ele é o correto, ele é o bom, ele é a vitima e está sempre certo, é totalmente incapaz de reconhecer um erro, porque na mente dele, ele nunca está errado, então ele é incapaz de dizer que está errado, de pedir desculpas por algo que fez ou disse.

Se uma pessoa ao seu lado nunca reconhecer um erro, jamais se desculpar, essa pessoa é um narcisista, afaste-se. Vampiros existem.

Em uma relação tóxica, ao ter consciência do abuso, não se deve pensar muito, a pessoa deve ser rápida e simplesmente sair sem avisar, pois ele ou ela vai fazer de tudo para prender a outra pessoa, dirá que não foi intencional, vai falar muito até convencer a outra pessoa ou vitima ficar, mas não irá pedir desculpas ou reconhecer seu erro, porque em sua mente, ela jamais erra, está sempre certa e a vitima errada, mas se ficar sofrerá mais ainda, a vitima neste estágio começa a correr perigo, sofrerá agressões emocionais até chegar ao ponto da agressão física podendo ocasionar em letalidade.

Sim, o narcisista pode matar, pois a única diferença para um psicopata é que ele possui sentimentos.

O texto *Introdução ao narcisismo* é considerado um dos mais importantes da obra de Freud, além de ser um marco na evolução de seu pensamento. Nele o autor reelabora o conceito de narcisismo, define melhor tanto as instâncias do Eu, quanto a do ideal do Eu, que posteriormente levará Freud a conceituar o Super Eu. Além disso, esse texto expressa a controvérsia acerca da teoria da libido, uma das razões de rompimento entre Freud e Jung.

O termo narcisismo vem da descrição clínica e refere-se a pessoas que tratam o próprio corpo como objeto sexual. Olha-o, toca nele e o acaricia com prazer e satisfação sexual. Historicamente, o narcisismo foi concebido como um conceito vinculado à explicação da homossexualidade e à perversão. Contudo, a tese de Freud neste artigo é que ele é mais geral, consistindo numa etapa do desenvolvimento sexual do ser humano. Em suas palavras, "o narcisismo não seria uma perversão, mas o complemento libidinal do egoísmo do instinto de autoconservação, do qual justificadamente atribuímos uma porção a cada ser vivo" (Freud, [1914] 2013, p. 14–15).

Para melhor compreender o funcionamento do narcisismo, o autor relaciona essa fenômeno com as neuroses e as parafrenias (modo como o autor classifica nessa época a psicose, a esquizofrenia e a demência). Freud observa que em pacientes com *dementia praecox* e esquizofrenia ocorrem megalomania e o abandono do interesse pelo mundo externo (pessoas e coisas). Razão pela qual se furtam à influência da psicanálise. De outro modo, observa-se que na histeria e na neurose obsessiva, não se suspende a relação erótica com pessoas e coisas. Ainda que haja uma renúncia na ação motora para a sua satisfação concreta, a relação libidinal com objetos está mantida na fantasia (introversão da libido). Assim, a megalomania, comum na psicose, é expressão do narcisismo. Para Freud, a onipotência de quem sofre de megalomania é semelhante a encontrada em crianças e povos primitivos, os quais supervalorizam o poder de seus desejos e atos psíquicos, como a crença na magia revela.

Na primeira parte do texto, o autor introduz a diferença entre a *libido do eu* e a *libido de objeto*. Essa diferença se explica a partir do movimento que a libido faz, indo para objetos ou retornando para o eu. Há um investimento libidinal original no eu, o qual posteriormente cede ao objeto. Quanto mais se emprega uma direção para a libido, mais se empobrece a outra. Os extremos da direção da libido seriam o enamoramento (na libido de objeto) e a fantasia do fim do mundo na paranoia (na libido do eu).

Freud se colocou ainda duas questões: i) qual seria a relação entre narcisismo e autoerotismo? ii) E por que separar a libido sexual de uma energia não sexual dos instintos do eu? Não se pode postular uma única energia psíquica?

Para a primeira pergunta, Freud responde que algo se acrescenta ao autoerotismo para que se forme o narcisismo. A unidade separável do Eu não existia desde o começo, ela é uma formação posterior. Assim, deduz que o autoerotismo é uma fase anterior ao narcisismo, em que a instância do Eu está indiferenciada.

A resposta da segunda pergunta é mais complexa e bastante central no argumento da primeira parte do texto. Importante salientar que, neste trabalho, o autor está em grande medida respondendo a Jung. Freud afirma que está construindo uma ciência edificada sobre a interpretação da empiria. Assim, alguns conceitos são nebulosos a princípio, somente com o caminhar da investigação eles podem se clarear. Ademais, Freud está superando a sua hipótese que separava os instintos sexuais e instintos do eu. Esta concepção de instinto estava alicerçada na separação popular entre "fome" e "amor"; na dupla condição de existência do indivíduo, isto é, ser elo da corrente da espécie humana, mas também ser um fim em si mesmo (indivíduo); bem como tal hipótese encontrava respaldo em bases orgânicas.

Em sua reformulação teórica, neste texto, Freud rejeita a ideia de que a energia sexual, a libido, seja apenas o produto de diferenciação de uma energia que atua normalmente no aparelho psíquico. Para ele, este modo de conceber esta energia não tem nenhum alcance. Como já foi afirmado, Freud está marcando uma posição frente à teoria de Jung. Para este último, Freud foi obrigado a estender o conceito de libido e a abandonar o seu conteúdo sexual, identificando libido com interesse psíquico propriamente. Além disso, para Jung, a teoria da libido de Freud não teria dado conta da esquizofrenia. De outro modo, para Freud, ele não abandonou a ideia de libido. O caso Schreber revelou que a introversão da libido levava a um investimento no Eu, produzindo o efeito da perda da realidade. Ironicamente, Jung diz que Freud teria chegado à psicologia de um anacoreta ascético, não à *dementia praecox*. Freud responde que tal comparação é inadequada. A erradicação do traço de desejo sexual não precisa mostrar sequer uma colocação patogênica da libido. Pode haver sublimação, a colocação da libido em outros objetos não sexuais (como exemplo, o ideal de pureza, santidade), sem sua introversão para fantasia ou o retorno ao Eu.

Desse modo, Freud sela a sua discordância fundamental com Jung, e reitera a sua concepção de libido, como energia fundamental definidora do funcionamento do aparelho psíquico. Neste texto, introduz que ela pode estar expressa como libido do eu, ou libido de objeto.

Na segunda parte do texto, Freud toma três vias para estudar o narcisismo: a doença orgânica, a hipocondria e a vida amorosa dos sexos.

Primeiramente, o autor segue a sugestão de Sandor Ferenczi sobre a influência da enfermidade orgânica sobre a libido. Freud afirma que a pessoa com dor, desconforto físico, abandona o interesse pelas coisas do mundo externo. Na medida em que não dizem respeito ao seu sofrimento, retira interesse libidinal de seus objetos amorosos. A libido retorna para o Eu, algo que se expressa no egoísmo e na indiferença do doente. Ela somente é reenviada novamente para fora, depois de o doente curar-se.

Na hipocondria ocorre algo semelhante. Interesse e libido são retirados do mundo externo e se concentram no órgão. Como Freud já havia desenvolvido em 1905, todos os órgãos são passíveis de se tornarem zonas erógenas. Assim como nas parafrenias, na hipocondria há um represamento da libido no eu.

Freud argumenta que a psique somente ultrapassa as fronteiras do narcisismo, quando o investimento da libido no Eu superar uma certa medida, a partir da qual, ela pode se dirigir para os objetos. Sendo mesmo necessário que um montante da libido se dirija a objetos. Em suas palavras, "um forte egoísmo protege contra o adoecimento, mas afinal é preciso começar a amar, para não adoecer, e é inevitável adoecer, quando, devido à frustração, não se pode amar" (idem, pg. 29).

No início é indiferente se a descarga da libido corre a objetos reais ou imaginários. A diferença se mostra depois, quando o voltar-se da libido para objetos irreais (introjeção) conduz a um represamento da libido.

Por fim, Freud toma a vida amorosa dos seres humanos para compreender o narcisismo.

De acordo com o autor, crianças e adolescente tomam seus primeiros objetos sexuais a partir de suas vivências primitivas de satisfação. Tais satisfações autoeróticas são experimentadas em conexão com funções de autoconservação. Assim, os instintos sexuais apoiam-se de início na satisfação dos instintos do eu. Apenas mais tarde se tornam independentes destes. Por conta disso, a pessoa encarregada da nutrição, cuidado e proteção torna-se o primeiro objeto sexual da criança. Além disso, a própria pessoa é também um dos dois objetos sexuais possíveis e primitivos do sujeito.

Ainda com relação à vida amorosa, Freud introduz diferentes modos de amar que seriam mais comuns de acordo com o sexo.

"O amor objetal completo, segundo o "tipo de apoio", é de fato característico do homem. Exibe a notória superestimação sexual, que provavelmente deriva do narcisismo original da criança, e corresponde assim a uma transposição do mesmo para o objeto sexual. Essa superestimação sexual permite que surja o enamoramento, esse peculiar estado que lembra a obsessão neurótica, remontando assim a um empobrecimento libidinal do Eu em favor do objeto" (idem, p. 33).

De outro modo, no caso da mulher, ao tornar-se adulta, há um aumento do narcisismo original. Quando bela, há nela uma autossuficiência que compensa a pouca liberdade que a sociedade lhe concede para a escolha de objeto. Para Freud:

"Tais mulheres amam apenas a si mesmas com intensidade semelhante à que são amadas pelo homem. Sua necessidade não reside tanto em amar quanto em serem amadas, e o homem que lhes agrada é o que preenche tal condição" (idem, p. 34).

Este narcisismo da mulher é bastante atraente e sedutor para o homem que investe no amor objetal. Para Freud, algo semelhante também nos seduz na autossuficiência e na inacessibilidade do bebê, do humorista, do criminoso e de certos animais. Apesar de a diferenciação feita entre homens e mulheres, o autor ressalta que há mulheres que amam a moda masculina e o inverso também é verdadeiro. Além disso, mulheres frias e narcísicas em relação ao homem experimentam o amor objetal com os seus filhos.

Na formulação de Freud, a pessoa pode amar conforme o tipo narcísico (libido do eu) ou conforme o "tipo de apoio" (libido de objeto). No primeiro caso, a pessoa ama o que ela mesma é (a si mesma), o que ela mesma foi, o que ela mesma gostaria de ser ou a pessoa que foi parte dela mesma. No segundo caso, ama-se a mulher nutriz ou o homem protetor.

Freud finaliza a segunda parte do texto concluindo que o narcisismo primário pode ser deduzido retrospectivamente.

A relação entre pais e filhos faz com que os primeiros revivam o narcisismo que há muito tinham abandonado. Isto se revela no modo como pais superestimam a criança, ocultam e esquecem os seus defeitos, atribuindo somente perfeição a ela. O desejo dos pais é revogar as leis da natureza e da sociedade para o bem estar da criança, tratada como "sua majestade o bebê!", célebre expressão de Freud.

Na terceira parte, Freud comenta que ao observar o adulto normal, é possível identificar que neste a megalomania arrefeceu. De modo que ele se pergunta o que teria ocorrido com a libido do eu? Ela teria ido, em todo o seu montante, para os objetos? Precisamente para responder esta pergunta, o autor elabora o conceito de ideal do Eu.

Para Freud, os instintos sofrem repressão patogênica quando entram em conflito com ideais morais e culturais do indivíduo. E esta repressão vem do autorespeito do eu. Nas palavras do autor:

"As mesmas impressões, vivências, impulsos, desejos que uma pessoa tolera ou ao menos elabora conscientemente são rejeitados por outra com indignação, ou já sufocados antes de se tornarem conscientes. [..] Podemos dizer que uma erigiu um ideal dentro de si, pelo qual mede o seu Eu atual, enquanto à outra falta essa formação de ideal. Para o Eu, a formação do ideal seria a condição para a repressão" (idem, p. 39–40)

Assim, Freud identifica um movimento muito importante para o argumento que estrutura a psicanálise. O narcisismo do sujeito é deslocado para essa instância do Eu ideal. Ou seja, o sujeito não abre mão da satisfação que foi desfrutada devido à perfeição narcísica de sua infância. Ele deseja readquirir a mesma satisfação, ao atingir o ideal do Eu. Desse modo, o ideal de si é o substituto para o narcisismo perdido da infância, na qual ele era o seu próprio ideal.

Contudo, a formação do ideal não se confunde com a sublimação. Esta última ocorre quando "o instinto se lança a outra meta, distante da satisfação sexual, a ênfase recai no afastamento ante o que é sexual" (idem, pg. 40). Enquanto que a idealização é um "processo envolvendo o objeto, mediante o qual este é aumentado e psiquicamente elevado sem que haja transformação da sua natureza" (idem, ibidem). Assim, a sublimação é relativa ao instinto, enquanto que a idealização diz respeito ao objeto. Nas palavras de Freud, "a formação de ideal aumenta as exigências do Eu e é o que mais favorece a repressão; a sublimação representa a saída para cumprir a exigência sem ocasionar a repressão" (idem, p. 41).

Uma instância específica cumpre essa função de medir continuamente o Eu atual pelo ideal, assegurando a satisfação narcísica a partir do ideal do Eu. A consciência moral possui essas características, sendo ela que incita a formação do ideal do Eu.

Algo que passa necessariamente pela influência dos pais, educadores, instrutores, o próximo, até a opinião pública.

A paranoia seria um extremo patogênico da formação do ideal do Eu. Nela combina-se a consciência moral com a auto-observação. São realizadas construções especulativas, as mesmas que fornecem material à filosofia para suas operações intelectuais.

Ademais, Freud faz uma série de considerações sobre o amor próprio. Nas parafrenias ele é aumentado, enquanto que nas neuroses de transferências ele é diminuído. Nestas últimas, o investimento libidinal de objeto não aumenta o amor próprio. Quem ama, perde o amor próprio. O reave quando é amado, ocorrendo satisfação narcísica de objeto.

Freud considera importante distinguir se os investimentos amorosos estão em sintonia com o Eu, ou se ao contrário, experimentam uma repressão. No primeiro caso, o amor é visto como qualquer atividade do Eu. Amar o outro rebaixa o amor próprio, mas ser amado eleva-o novamente. No segundo caso, quando a libido é reprimida, o investimento amoroso em objeto é sentido como grave diminuição do Eu. A satisfação amorosa é impossível. O enriquecimento do Eu torna-se possível apenas retirando a libido dos objetos. O retorno da libido objetal ao Eu representa um amor feliz. Contudo, o real amor feliz corresponde ao estado primordial em que a libido objetal e libido do Eu não se distinguem um do outro.

Para Freud, o desenvolvimento do Eu se dá pelo distanciamento do narcisismo primário, que gera um intenso esforço em reconquistá-lo. Ocorre um deslocamento da libido para o ideal do Eu (imposto de fora) e a satisfação do cumprimento deste ideal. Assim, o Eu se empobrece, mas se enriquece das conquistas do ideal e de objetos. O autor conclui que o amor próprio é fruto do narcisismo infantil, da onipotência confirmada (quando cumpre o ideal do Eu) e da satisfação da libido objetal.

Importante considerar que o ideal do Eu deixa em condições difíceis a satisfação libidinal nos objetos, na medida em que seu censor rejeita partes destes como intoleráveis. O enamoramento ocorre quando há um transbordamento da libido do Eu para o objeto. O ideal sexual pode se colocar num interessante vínculo auxiliar com o ideal do Eu. Ele pode ser usado para a satisfação substituta, quando há obstáculos reais para a satisfação narcísica: "aquilo que possui o mérito que falta ao Eu para torná-lo ideal é amado" (idem, p. 49). Para o neurótico, pode ocorrer um investimento excessivo aos objetos, o que empobrece o seu Eu, sendo incapaz de cumprir seu ideal do Eu. Nesse caso, busca-se o caminho de volta para o narcisismo, podendo ocorrer a escolha de um ideal sexual conforme o tipo narcísico.

Freud termina o artigo comentado que o ideal do Eu é um importante caminho para o entendimento da psicologia da massa. Além desse ideal ser individual, ele é familiar, de uma classe, de uma nação, ou seja, é um ideal comum, social. Posteriormente, em *Psicologia das massas e análise do eu* (1921), Freud vai desenvolver melhor tal argumento, demonstrando como o ideal do Eu coletivo muitas vezes é projetado no líder carismático.

Referências bibliográficas

FREUD, Sigmund. Introdução ao narcisismo (1914). In: FREUD, Sigmund. *Obras completas, volume 12:* Introdução ao narcisismo, Ensaios de metapsicologia e outros tetos (1914–1916). Tradução Paulo César de Souza. São Paulo, Companhia das Letras, 2013 Pg. 13–50.

Vamos abordar o tema da
Megalomania

O que é megalomania? Significado de megalômano

Enquanto algumas pessoas têm a autoestima bastante baixa, é comum para outras pessoas terem uma autoestima muito elevada a ponto de ser considerada um problema. Ademais, muitas delas acreditam que possuem um poder inabalável a tal ponto que acabam delirando sobre quem realmente são. Tendo isso em vista, vamos entender melhor o que é megalomania e como o megalômano age no cotidiano.

Megalomania se trata de um fascínio exagerado em relação a si mesmo que alcança a mania de grandeza. Nisso, o indivíduo passa a acreditar que é a coisa mais importante do mundo e que todos estão abaixo dele. Ou seja, o poder é o que motiva e é a única coisa que realmente importa ao megalômano.

A Psicologia valida o significado de megalômano como alguém que tem um transtorno de personalidade com delírio de onipotência. Isso porque, ele acaba fantasiando eventos em que ele é adorado por todo mundo como um salvador. Basicamente, uma postura de diva em que a reverência de todo mundo o alimenta.

O termo megalomaníaco/megalômano vem de *mégalo*, significando "grande", e *maníaco*, que vem de "mania". Ou seja, obsessões e doenças que se conectam a fixação psíquica com coisas específicas.

Máscaras

Uma pessoa com megalomania não admite o reconhecimento de que é uma pessoa medrosa. Provavelmente, não se desenvolveu com segurança e amor o suficiente para ter alguma referência na sua vida. Assim, a imposição e agressão verbal surgem como defesa para que possa manter a sua falsa onipotência.

Com isso, ele vai ridicularizando qualquer pessoa que o deixa ameaçado por conta do medo de ser superado. Assim, vai prejudicar quem se colocar no seu caminho e ferir o seu ego. Isso deve se mostrar o suficiente para mascarar a sua incapacidade de lutar pelo o que quer e esconder sua vulnerabilidade.

Além disso, a dramatização e o exagero de suas realizações, mesmo que impulsivas, cobrem a sua baixa estima. Já que não pode lidar com a frustração, cria a imagem de si mesmo mais grande do que realmente é.

Características

O megalômano gosta de ser visto, de modo que queira a atenção e subordinação dos outros. A dominação se mostra uma resposta imediata, quase que um prazer de ser feito. Nisso, os sinais mais comuns dos megalômanos são:

- Acreditar que a presença dele é indispensável em qualquer lugar, por isso acaba entregando uma presunção suprema;
- Ter um ego superestimado, de modo que a sua vaidade é guiada por um complexo de superioridade e desprezo aos outros;
- Apresentar um comportamento onipotente que gosta de avaliar as outras pessoas, testá-las para que possa se gabar;
- Ser narcisista, ou seja, idealiza a si mesmo;

- Já que não aprende com os seus erros, não corrigir as suas falhas e continuar vivendo com elas;
- Acreditar em sua invulnerabilidade, pensando que podem lidar com tudo e ganhar poder manipulando qualquer um;
- Procurar observar como os outros se comportam e quando são rejeitados por sua postura, a culpa é sempre dos demais.

Defeito do megalômano

Um dos maiores defeitos da megalomania é a pessoa acreditar que é melhor do que qualquer outro. O seu narcisismo chega a ser tóxico para si mesmo e para quem ficar em seu caminho. Graças as suas fantasias e delírios de grandeza, a obsessão por ficar grandioso sai do controle com rapidez.

Como aberto linhas acima, o seu narcisismo acaba por apagar a relevância de qualquer pessoa próxima. A questão é que isso pode dar margem para que ele acredite que pode fazer qualquer coisa. O problema é que a nossa história mostra como o sujeito megalômano pode causar danos grandiosos na sociedade.

Sequelas

Ainda que use da megalomania para esconder as suas fraquezas, isso não bloqueia as consequências que ela traz. Um megalomaníaco compreende muito bem os pesos de sua postura, ainda que tente escondê-los. Os sinais mais comuns disso se concentram em:

Solidão

Graças ao seu excesso comportamental e sua arrogância, uma solidão profunda é companheira constante e desagradável. Como não é bem acolhido por outras pessoas, ele acaba se isolando e impedindo de se aproximar dos demais. Assim, o seu sentimento de superioridade também bloqueia interações por achar que os demais não valem o esforço.

Vazio emocional

Com o passar do tempo, essa solidão acaba levando a uma sensação de vazio emocional muito grande. Nisso, o seu desconforto aumenta, de maneira que contribua aos seus problemas psicológicos. Acabou por criar um abismo tão grande entre ele e os demais que não consegue nem chegar em si mesmo.

Exemplos de megalomania

A megalomania se tornou gatilho para que muitas personalidades, nem sempre boas, sobrevivessem à passagem do tempo. <u>Hitler</u>, <u>Napoleão</u>, <u>Mao Tsé-Tung</u> e <u>Stalin</u> são grandes exemplos de narcisismo e de megalomaníacos. Graças a essa característica em comum, eles tiveram impulso para os seus objetivos na "conquista do mundo".

Quando mergulhamos nos seus aspectos comportamentais, fica perceptível o complexo de salvador e Deus que eles mantinham. Cada um pensava que era o único salvador do lugar onde viviam e queriam conquistar outras regiões para se expandir. Mostravam-se como salvadores indispensáveis caminhando numa espiral de delírio para conseguir mais poder.

Assim, carregavam o desejo de se manterem como as únicas pessoas a terem conquistas absolutas, acreditando em poder infinito.

Com isso, os sintomas da loucura se agravaram, pois se levaram a pensar que poderiam ter o inalcançável. Já deve conhecer a história e saber que se tornaram dirigentes e governantes perigosos, influentes e bem destrutivos.

Tratamento

O tratamento da megalomania consiste, basicamente, no uso da terapia contínua. O trabalho fica a cargo de um psicólogo, responsável por encontrar o caminho mais adequado para isso.

O profissional ajudará na derrubada de crenças perigosas e valores deturpados. A proposta é mostrar que pensar e agir dessa forma não é correto e apenas prejudica a si e aos demais. Nisso, a realidade será um objeto a ser inserido e acostumado, de modo a se colocar saudavelmente dentro dela.

Considerações finais sobre megalomania

Em suma, a megalomania acaba fazendo com que tenhamos uma imagem equivocada de nós mesmos sobre os demais. Ela alimenta um poder que não temos na tentativa de cobrir os nossos medos. Independente do momento e aspecto, esse tipo de comportamento é extremamente nocivo e desagradável de presenciar e viver.

Entenda que todos nós temos o direito de nos valorizar, contanto que isso não agrida ninguém em qualquer nível. Sem contar que não devemos ceder a qualquer equívoco e nos colocar em um pedestal no topo do universo. É preciso trabalhar a sua parte interna para que não engane a si mesmo de modo irremediável.

Fonte:

https://www.psicanaliseclinica.com/megalomania/

Posted on 29/06/2020 Redação Psicanálise ClínicaPosted in Psicanálise, Transtornos e Doenças

Mal de Alzheimer

O <u>Alzheimer</u>, também conhecido como Mal de Alzheimer, é uma doença neurodegenerativa que provoca o declínio das funções cognitivas, reduzindo as capacidades de trabalho e de relação social. É comum em pessoas idosas, principalmente entre os 65 e 85 anos de idade, e pode levar à <u>demência</u>.

Com o passar do tempo, o Alzheimer também interfere no comportamento e na personalidade, levando à perda de memória. No início, o paciente pode até lembrar de acontecimentos muito antigos, mas acaba esquecendo questões simples, como uma refeição que acabou de realizar ou o nome de parentes e amigos.

Com a evolução do quadro, o Alzheimer causa grande impacto no cotidiano e afeta a capacidade de aprendizado, de atenção, de orientação, de compreensão e de linguagem. A pessoa fica cada vez mais dependente da ajuda dos outros, até mesmo para rotinas básicas, como a higiene pessoal e a alimentação.

Fases do Alzheimer

Existem três fases do Alzheimer. São elas:

Inicial: é quando os sintomas se apresentam de forma mais branda, podendo, muitas vezes, passarem despercebidos ou serem confundidos com estágios do envelhecimento natural

Intermediário: a doença começa a progredir e os sintomas e as limitações começam a ficar mais visíveis e preocupantes. O paciente passa a necessitar de ajuda de outras pessoas para realizar tarefas cotidianas

Avançado: é o mais próximo da total dependência e da inatividade física do paciente. Os distúrbios mentais são sérios e podem, até mesmo, deixar a pessoa acamada

As causas do Alzheimer ainda são desconhecidas, mas há algumas hipóteses existentes e possíveis fatores de risco. Uma delas é que a doença pode provir de fatores genéticos, já que cerca de 5% a 15% dos casos afetam pessoas com antecedentes familiares, o que pode ser explicado por anormalidades genéticas específicas.

Outra hipótese é o acúmulo de proteínas no cérebro, mais especificamente a proteína beta-amiloide e a proteína Tau. Esses componentes têm sido observados em abundância no cérebro de pacientes com a doença de Alzheimer, o que causa inflamação e destruição de células neuronais, principalmente nas áreas que correspondem à memória e à execução de tarefas.

Também existe a possibilidade de alguns fatores ambientais apresentarem riscos para o desenvolvimento do Mal de Alzheimer. É o caso da exposição a metais pesados, como mercúrio e alumínio, que são substâncias tóxicas para o organismo. Doenças como o AVC e traumas no cérebro decorrentes de acidentes também podem aumentar o risco de desenvolvimento do Alzheimer por destruírem neurônios.

Na maioria dos casos, o Alzheimer não é hereditário. O maior fator de risco para o surgimento da doença é a idade. No entanto, existe uma parcela dos pacientes que apresenta os sintomas de forma precoce, entre os 40 e 50 anos, o que pode estar relacionado a alterações genéticas herdadas de familiares.

O Alzheimer pode ser classificado em dois tipos:

Alzheimer precoce: afeta pessoas com menos de 65 anos, normalmente entre os 40 e 50 anos. Está relacionado a alterações genéticas hereditárias que levam à perda da cognição de forma progressiva.

Portanto, também é conhecido como Alzheimer hereditário

Alzheimer tardio: caracterizado quando os sintomas se manifestam após os 65 anos, sendo o mais freqüente.

Sintomas do AlzheimerPor ser uma doença que evolui progressivamente, os sintomas do Alzheimer variam de acordo com cada fase. Entenda a seguir:
Sintomas iniciais do Alzheimer
Na fase inicial do Alzheimer, os sintomas incluem:

Problemas de linguagem

Ter perda significativa de memória, particularmente da memória recente (algo que acabou de acontecer)

Não saber a hora ou o dia da semana

Ficar perdido em locais familiares

Dificuldade para tomar decisões

Desmotivação

Mudança de humor, depressão ou ansiedade

Agressividade e irritabilidade

Desconfiança nos outros

Retraimento social e apatia

Perda de interesse por hobbies e outras atividades

O diagnóstico do Alzheimer é clínico, ou seja, é feito a partir da avaliação médica. A partir de exames e da história do paciente, é possível definir qual a principal hipótese para a causa do surgimento dos sintomas. No entanto, a confirmação do diagnóstico é feita por meio do exame microscópico do tecido cerebral do paciente após seu falecimento. Antes disso, o exame não é recomendado.

Sintomas intermediários do Alzheimer
No estágio intermediário, os sintomas do Alzheimer incluem:

Perda de memória progressiva e um pouco mais grave do que a anterior

Incapacidade de cozinhar, limpar ou fazer compras

Dependência de familiar ou cuidadores

Necessidade de ajuda para a higiene pessoal

Dificuldade de fala avançada

Repetição de perguntas

Insônia

Facilidade para se perder, tanto em casa quanto fora

Alucinações e delírios

Sintomas da fase final de Alzheimer
Na fase mais avançada do Alzheimer, os sintomas são mais graves, como:

Dificuldade para comer

Incapacidade para comunicação

Não reconhecer parentes, amigos e objetos familiares

Dificuldade de entender o que acontece ao seu redor

Dificuldade para caminhar

Dificuldade na deglutição

Incontinência urinária e fecal

Comportamentos inapropriados em público

Ficar confinada a uma cadeira de rodas ou cama

Alguns exames complementares e de rotina podem ser solicitados para investigar os casos, facilitar o diagnóstico e acompanhar o quadro dos pacientes. É o caso de:

Exames de sangue

<u>Tomografia</u> computadorizada do cérebro
<u>Ressonância magnética</u> do cérebro

Além disso, testes neuropsicológicos e de estado mental também podem ser solicitados para excluir outros tipos de demências e transtornos mentais. Tratam-se de testes com questões e tarefas que ajudam os médicos a entender se o paciente apresenta <u>demência</u>.

Especialistas que podem diagnosticar o Alzheimer são:

Clínico geral

Neurologista

Geriatra

Psiquiatra.

O tratamento para Alzheimer visa amenizar ou retardar os efeitos do Alzheimer, mas não cura a doença.

Por exemplo, podem ser utilizados medicamentos específicos para controlar sintomas relacionados a distúrbios de comportamento, como confusão e agressividade.

Depressão e transtornos do sono também devem ser tratados com medicação.

Além disso, alguns remédios podem funcionar no início da doença até a fase intermediária, em que os sintomas ainda são mais leves e moderados.

Porém, conforme o mal de Alzheimer progride, o medicamento pode perder efeito.

Os pesquisadores da área continuam a estudar outras possibilidades de tratamento e medicamentos para prevenir ou retardar a progressão da doença.

Os medicamentos para Alzheimer mais comuns são:

Donepezila, Galantamina, Rivastigmina, Memantina, Aducanumab

Até o momento, o Alzheimer não tem cura. Os avanços da medicina têm permitido que os pacientes tenham uma sobrevida maior e uma qualidade de vida melhor, mesmo na fase grave da doença.

As pesquisas têm progredido na compreensão dos mecanismos que causam a doença e no desenvolvimento de medicamentos para o tratamento.

O objetivo dos tratamentos é aliviar os sintomas existentes, estabilizando-os ou, ao menos, permitindo que o paciente tenha uma progressão mais lenta da doença, conseguindo manter-se independente nas atividades diárias por mais tempo.

Ainda não é possível prevenir o Alzheimer. Os médicos acreditam que manter a cabeça ativa e uma boa vida social permite, pelo menos, atrasar a manifestação da doença. Entre as atividades recomendadas para estimular a memória estão:

Leitura constante

Exercícios de aritmética

Jogos inteligentes

Participação em atividades de grupo.

A perda de memória e de linguagem, julgamento prejudicado e outras alterações cognitivas causadas pela doença de Alzheimer podem complicar o tratamento para outras condições de saúde. Uma pessoa com doença de Alzheimer pode não ser capaz de:

Comunicar que está sentindo dor

Relatar sintomas de outra doença

Seguir um plano de tratamento prescrito

Observar ou descrever os efeitos colaterais dos medicamentos

À medida que a doença de Alzheimer progride para os seus últimos estágios, as alterações cerebrais começam a afetar as funções físicas, como a deglutição, o equilíbrio e o controle do intestino e da bexiga. Esses efeitos podem aumentar a vulnerabilidade a problemas de saúde adicionais, como:

<u>Pneumonia</u> e outras infecções

Quedas

Fraturas

Escaras

Desnutrição ou desidratação

Fonte:

Especialista consultadoDr. André FelicioNeurologiaCRM 109665/SP

Médico formado pela Universidade Federal de Juiz de Fora (UFJF).
Escrito porGabriela MaracciniAnalista Editorial

Redatora especialista na cobertura de conteúdos sobre saúde, bem-estar,

" Minha mãe lecionou por anos durante todos os dias, o dia todo, ao se aposentar mergulhou insconscientemente na depressão e logo aopós o mal de Alzheimer tomou-lhe, vindo a se definhar e por fim falecer devido a uma grave pneumonia"

Testes

O psicanalista pode fazer testes com seus analizados?

Não, testes só podem der realizados por psicólogos ou psiquiatras

Será abordado agora testes profissionalizantes executado por grandes empresas

O que é um teste psicológico?

O teste psicológico é uma método de avaliação utilizado exclusivamente por psicólogos e tem como objetivo analisar os traços de personalidade e características psicológicas dos indivíduos. Eles podem ajudar a entender como as pessoas se comportam diante de diferentes situações.

Essas avaliações, no contexto corporativo, geralmente têm a finalidade de levantar características divergentes e semelhantes entre indivíduos para, posteriormente, agrupá-los de tal maneira que facilite a identificação do perfil psicológico que mais se alinha à cultura organizacional vigente.

Perfil comportamental: o que é, tipos e como fazer a avaliação

O perfil comportamental é um conjunto de características pessoais que ajudam a prever futuras atitudes diante de diferentes situações. O perfil comportamental é, portanto, uma forma de entender como os colaboradores lidam com diferentes estímulos.

Perfil comportamental: o que é, tipos e como fazer a avaliação

O perfil comportamental é um conjunto de características pessoais que ajudam a prever futuras atitudes diante de diferentes situações. O perfil comportamental é, portanto, uma forma de entender como os colaboradores lidam com diferentes estímulos.

Bruna Guimarães

- O que é perfil comportamental?
- Quais são os tipos de perfis comportamentais?
- 1. Comunicador
- 2. Planejador
- 3. Executor
- 4. Analista
- Qual a importância do perfil comportamental?
- O perfil comportamental e seus reflexos no ambiente de trabalho
- Como fazer a análise de perfil comportamental?
- 1. Entenda o perfil dos seus funcionários

- 2. Trace o perfil desejado para cada vaga
- 3. Tenha atenção à missão e aos valores da organização
- 4. Considere as especificidades de cada área de atuação
- 5. Analise o perfil comportamental dos top performers da empresa
- 6. Utilize testes de ponta
- 7. Faça análises profundas das competências

Cada pessoa carrega uma bagagem única que é construída ao longo da vida, através de aprendizados e culturas diferentes. Por isso, às vezes, analisar o perfil comportamental de um candidato é mais complicado do que avaliar suas competências técnicas.
Neste artigo, separamos algumas dicas para que você consiga mapear diferentes perfis comportamentais através dos testes realizados no seu processo de recrutamento e seleção.

O que é perfil comportamental?

"Perfil", de acordo com o dicionário, pode ser entendido como um resumo de traços característicos de uma pessoa. Enquanto "comportamento" compreende-se como a relação entre o organismo e o ambiente, ou seja, as respostas que um indivíduo emite a partir de estímulos vindos do meio externo.
Portanto, "perfil comportamental" refere-se às particularidades do modo de agir de cada indivíduo. Ou seja, como cada pessoa, com traços de personalidade específicos, reage frente a diferentes situações.

No caso do ambiente de trabalho, o perfil comportamental está relacionado à maneira como cada colaborador reage ao ambiente corporativo e como será o seu relacionamento com outros funcionários dentro da empresa. Seja diante de situações cotidianas, seja diante de conflitos.

Quais tipos comportamentais

Para uma empresa?

Existem diferentes ferramentas e metodologias que fazem esse tipo de análise e classificação.

Abaixo foram listados 4 principais perfis comportamentais inspirados no teste DISC:

1. Comunicador

O perfil comunicador é caracterizado pela alta sociabilidade e conexão interpessoal. Dessa forma, esse perfil tende a ter bons relacionamentos e trabalhar bem em equipe, ajudando a apaziguar conflitos e influenciando os demais membros da equipe.

O ponto de atenção do comunicador é a dificuldade em seguir rotinas e cronogramas, contudo, são altamente adaptativos. Além disso, seu carisma ajuda a manter a equipe unida.

2. Planejador

Pessoas planejadoras são calmas e estáveis, tendo uma fácil convivência em equipe. São confiáveis e gostam de rotina, cronograma e previsibilidade.

O ponto de atenção desse perfil é a baixa inovação e capacidade de improviso. Portanto, sentem-se seguros e confiantes na presença de comunicadores, pois eles complementam pontos que os planejadores não têm.

3. Executor

Pessoas executoras tendem a ser competitivas e dominantes. É um ótimo profissional para tomar decisões e perseguir objetivos e metas, pois é extremamente resiliente e focado.

Executores podem ter uma autoconfiança e foco excessivos, dificultando seu trabalho em grupos, pois dificilmente desistirão de uma ideia e serão receptivos a outros pontos de vista. Além disso, em níveis extremos, podem se tornar autoritários e pouco adaptáveis a mudanças.

4. Analista

Pessoas analistas costumam ser detalhistas e organizadas, são ótimos com tarefas repetitivas ou que requerem alto nível de precisão, portanto, são excelentes especialistas. Áreas relacionadas à pesquisa e gestão de conhecimento são muito indicadas para esse perfil.

O lado negativo dos analistas é a falta de habilidades para lidar com pressão e tomada de decisão, possuem pouco autogerenciamento e excesso de autocrítica.

Equipes com muitas pessoas com esse perfil podem ser pouco práticas e acabar gastando muito tempo na realização de tarefas, principalmente pelo excesso de perfeccionismo na execução.

Contrate de forma mais ágil com a Gupy

Qual a importância do perfil comportamental?

Antes de começar a análise do perfil comportamental, é preciso entender a sua importância para a empresa e para os colaboradores.

Através do mapeamento das características de cada um, o RH consegue realizar programas de desenvolvimento mais robustos, formar equipes de alta performance, fortalecer a cultura organizacional, além de recrutar talentos de forma mais assertiva e diminuir a taxa de turnover.

O perfil comportamental e seus reflexos no ambiente de trabalho

A análise do perfil comportamental é de extrema importância na avaliação de candidatos para uma vaga de emprego, pois a partir dela é possível analisar quais perfis se adequam melhor à sua cultura organizacional.

Por exemplo, em uma organização em que o trabalho em equipe é muito valorizado, é importante que o colaborador que entrar na empresa tenha um perfil adequado ao trabalho em equipe.

Ou seja, é importante que ele tenha características que fazem parte do cotidiano da empresa, como ser mais colaborativo do que individualista e saber lidar com conflitos de forma assertiva.

Com isso, é possível evitar futuros conflitos, montar equipes mais harmônicas e ter um clima organizacional forte e unificado.

Como fazer a análise de perfil comportamental?

1. Entenda o perfil dos seus funcionários

O primeiro passo para ter mais assertividade nas contratações utilizando o mapeamento de perfil comportamental, é realizar esse levantamento dentro da própria empresa. Ou seja, é preciso entender as características das pessoas que já fazem parte do seu quadro de funcionários.

A partir deste passo, é possível entender quais habilidades interpessoais funcionam melhor para cada área, cargo e equipe. Por exemplo, um líder precisa ter skills de boa comunicação.

2. Trace o perfil desejado para cada vaga

Após realizar o mapeamento das características dos seus funcionários, fica mais dinâmico entender quais são os perfis que mais se encaixam para cada vaga. Afinal, cada equipe terá uma necessidade diferente e é preciso buscar perfis que se complementam.

Uma contratação errada pode custar até R$ 150.000,00 para uma empresa, por isso é importante buscar colaboradores cujo os perfis se encaixem na cultura organizacional da empresa.

3. Atenção à missão e aos valores da organização

Com uma frequência mais elevada do que gostaríamos, escutamos pessoas dizendo que abandonaram as empresas em que trabalhavam por causa de insatisfação.

Esse tipo de acontecimento pode ser prevenido se for feita uma seleção adequada do profissional.

Para evitar o turnover é interessante buscar pessoas no mercado que se adequem à missão e aos valores da organização.

4. Considere as especificações das área de atuação

Conseguinte aos detalhes de perfil adequado à missão e aos valores da empresa, é preciso tomar um segundo cuidado na contratação de profissionais: o perfil comportamental deles precisa estar adequado a suas áreas de atuação.

Na empresa já temos, normalmente, equipes formadas, e cada equipe tem o seu perfil específico.

O pessoal de marketing, por exemplo, tende a fugir da burocracia e querer as coisas com mais agilidade, o que é quase o oposto de quem cuida da parte financeira.

Logo, na hora que estiver montando o perfil comportamental ideal para a vaga, inclua o comportamento da equipe em que a pessoa vai trabalhar. Afinal, se ela não se adequar ao grupo a chance de uma futura demissão é grande.

5. Analise o perfil comportamental dos tops da empresa

Existem alguns colaboradores que desempenham tão bem sua função que às vezes gostaríamos que houvessem mais deles na empresa.

Essas pessoas, os top performers, são o exemplo de melhor perfil comportamental — e de habilidade — que a empresa pode ter.

Se eles forem a base para a seleção de pessoal, fica mais fácil acertar na contratação.

Assim, dê uma olhada em quem são essas pessoas, especifique o perfil deles e tente achar profissionais com características técnicas e comportamentais próximas.

6. Utilize testes de ponta

Entrevistas e testes serão ferramentas muito importantes no mapeamento e na análise do perfil dos candidatos. Por isso, é preciso utilizar os melhores disponíveis no mercado.

Existem diversas metodologias já muito conhecidas, como:

- DISC;
- STAR;
- IAC,
- HBDI;
- E muitas outras.

Por exemplo, o teste de perfil do software de recrutamento e seleção da Gupy utiliza 3 metodologias avançadas de teste de perfil:

Big 5 (5 fatores comportamentais) - responsável por avaliar cinco dimensões de personalidade: necessidade de estabilidade, extroversão, consolidação, originalidade e acomodação.

- Growth Mindset (mentalidade de crescimento) - esse teste traz insumos sobre as mentalidades fixas ou pensamentos negativos do candidato e suas mentalidades de crescimento e atitudes positivas.

- Grit (tenacidade) - essa parte do teste auxilia na avaliação de escalada de atributos como motivação, determinação e resiliência.

7. Faça análises profundas das competências

Junte todos os insumos que os testes e as entrevistas geram e faça uma análise profunda das competências do candidato.

Entenda seus pontos fortes e pontos de melhoria, quais são suas capacidades técnicas e comportamentais, em qual nível cada uma se encontra.

A partir destes pontos, você consegue entender se o perfil daquele candidato é o ideal para aquela vaga, equipe e para o momento da empresa.

Com todos esses insumos é possível realizar contratações mais assertivas, ter planos de carreira mais estruturados e equipes mais completas e preparadas, além de aumentar a retenção de talentos, pois as empresas que olham diretamente para o desenvolvimento de seus colaboradores possuem um grande diferencial no mercado.

" Psicanalistas, não ousem fazer testes com seus clientes, isso pode acarretar em perder o certificado e ser preso"

Neuroses e Psicoses

A neurose é um quadro clínico atípico definido por sentimentos e emoções negativas. Há diversos tipos de neurose que podem afetar uma pessoa. Os indivíduos neuróticos possuem grandes apreensões sobre tudo a sua volta. Além disso, são emocionalmente vulneráveis e não reagem bem a mudanças ou críticas.

Você já deve ter ouvido alguém falar "é uma neura minha". Popularmente, a palavra neura é usada como uma gíria para classificar um comportamento ou problema atípico. Por exemplo, pessoas que são impecáveis na organização ou que se preocupem demais com afazeres diários e profissionais.

Embora o conceito de "neura" utilizado pelas pessoas no dia a dia não esteja totalmente alinhado com as definições da psicanálise, um fator está totalmente correto em ambos: a <u>preocupação excessiva</u>. Esta é muitas vezes originada de vestígios do <u>passado</u> que nos perseguem em todas as novas situações.

O agravamento dos sentimentos e emoções negativas que constantemente atingem os neuróticos pode causar transtornos mentais, como <u>depressão</u>, <u>ansiedade</u> e <u>fobias</u>.

Todavia, para compreendermos a totalidade deste quadro clínico, precisamos embarcar em uma viagem pela história da psicanálise e da classificação dos transtornos mentais.

O que é neurose?

Este termo costumava ser utilizado para se referir a distúrbios psicológicos e doenças nervosas, como Alzheimer e Parkinson, as quais interferem na personalidade. Foi usado pela primeira vez em 1769, pelo médico escocês William Cullen. Ele acreditava que essas patologias estavam associadas à má gestão emocional.

Todavia, em 1893, Sigmund Freud redefiniu o conceito para fazer referência à forma como as pessoas relacionam-se consigo mesmas e como reagem à vida.

A neurose é um dos pontos principais da psicanálise freudiana. Freud acreditava que a angústia e sofrimento são causados pelo inconsciente. São as perturbações preservadas nele que alimentam este estado psíquico.

Ele definiu três categorias de psiconeuroses, transtornos emocionais enraizados em traumas de infância: neuroses atuais (resultantes de impedimentos da satisfação sexual), neuroses de transferência (mecanismo de defesa, como histeria ou fobia) e neuroses narcísicas (quadros psicóticos).

Porém, este termo já era compreendido há muito tempo. Pelo menos, como uma definição inicial de comportamentos considerados anormais.

Pessoas ansiosas, nervosas e depressivas eram vistas como um empecilho para a sociedade e para si mesmas. Assim, suas condutas incomuns eram interpretadas como desordens mentais incuráveis, definidas como neuroses.

Quais as causas da neurose?

Ao longo da história, foram levantadas diversas hipóteses sobre a origem da neurose. Freud acreditava que esta surgia de um conflito entre o eu e o id, sendo que as necessidades do eu devem ser protegidas a todo custo dos impulsivos irracionais do id.

Ou seja, o nosso eu, a nossa personalidade, devem se manter afastados das vontades impulsivas (gritar com o chefe, agredir alguém no trânsito) que não condizem com a realidade.

Outra teoria é que a neurose está relacionada a um conflito psíquico possivelmente originado na infância. Este conflito é recalcado o que, na psicanálise, é o fenômeno que atua como mecanismo de defesa contra ideias que sejam prejudiciais ao eu.

Em outras palavras, são situações, memórias ou sentimentos que nós reprimimos para proteger a nós mesmos.

Quando o neurótico passa por uma situação negativa que afeta a sua saúde mental, ele procura substituir o evento passado com uma realidade mais satisfatória.

Neste mundo fantasioso, ele procura aliviar suas angústias e satisfazer seus desejos. Mas, como este não é real, existe o conflito entre a fantasia e a realidade.

Logo, as causas da neurose são diversas e sujeitas de investigação psicológica para determinar fatores específicos.

Os tipos de neurose

Com a expansão da psicanálise, foram surgindo vários tipos de neurose. Após a morte de Freud, diversos psicanalistas, como Winnicott e Kohut, desenvolveram novas versões das neuroses com base no *self* – representação do "eu".

Porém, primeiramente, devem ser compreendidas as definições criadas por Freud, pois essas foram base para muitos estudos e novas classificações dentro da área.

- Neurose de transferência: novas formas de neurose podem surgir ao longo do processo de psicanálise. O paciente transfere seus sentimentos de um relacionamento passado para um do presente.

-

- O analista está sujeito a ser um alvo nesses casos. Na teoria freudiana, este é um passo necessário para o processo de cura.
- Neuroses atuais: Freud afirmou que toda neurose baseia-se na vida sexual do paciente.

-

- As práticas que atualmente regem a vida do indivíduo referente à sexualidade associam-se a modalidades de repressão da sexualidade. Esta definição, porém, foi suspensa à medida que Freud desenvolveu as suas hipóteses sobre angústia.

-

- Então, estabeleceu dois tipos de neurose: a neurastenia (enfraquecimento do sistema nervoso central) e a psiconeurose (histeria e obsessões, como hipocondria).
- Neuroses narcísicas: resultantes do conflito entre o ego e o superego.

-

- A pessoa sofre com sentimento de inadequação e exílio do mundo.

-

- A aparição desse tipo de neurose foi registrada na década de 50, no pós-guerra, época em que as pessoas estavam dominadas pelo pessimismo.

-

- A melancolia, por exemplo, foi definida por Freud como neurose narcísica, pois o melancólico não consegue se identificar com o outro.

Além dessas três, há diversos tipos de neurose. Veja algumas abaixo:

Neurose Traumática

Originada de acontecimentos violentos ou assustadores que deixam marcas no emocional da pessoa.

Neurose Obsessiva

Caracterizado por ideias compulsivas que tomam conta da pessoa, como de limpeza e de perigo. Assim, a pessoa fica sempre alerta para as situações que lhe trazem desejo de compulsão. É o caso da hipocondria e do Transtorno Obsessivo Compulsivo (TOC).

Neurose Fóbica

Presença de uma fobia ou medo de locais, objetos, situações e pessoas. Comportamentos de esquiva, isolamento social e de fuga são comuns. É constante o desejo de se livrar da situação indesejada.

Neurose Histérica

Relacionado ao desejo de chamar atenção e de conquistar a piedade alheia, ou a pacientes que são incapazes de encontrar a verdadeira causa de suas frustrações.

Ao estudar esta neurose, Freud notou também frequência maior nas mulheres. Ele defendia que pacientes que apresentavam histeria tinham sofrido algum abuso sexual.

Neurose do Fracasso

Sofrimento derivado de consecutivas situações de fracasso.

Neurose de Destino

Repetição de situações infelizes, muitas vezes causadas pelos próprios indivíduos. As pessoas não percebem que estão causando essa repetição por estarem alheias aos seus próprios comportamentos.

Neurose x Psicose

Quando se fala em neurose, muitas vezes entra o assunto da psicose. Todavia, ambos são muito diferentes. A psicose é um transtorno mental em que as pessoas interpretam a vida de maneira distinta, podendo resultar na perda de contato com a realidade.

Na verdade, a psicose não é uma doença, mas um sintoma de outros transtornos mentais, como a esquizofrenia.

Durante um surto psicótico, a pessoa experimenta uma perturbação dos sentimentos e de seus pensamentos. Possui dificuldades para entender o que é real e o que é um delírio (crenças fortes e atípicas que não são compartilhadas pelos demais) ou alucinação (a pessoa vê ou ouve coisas que não estão lá).

Já os muitos tipos de neurose resultam de uma perturbação emocional contínua que pode afetar a vida da pessoa em pequena ou grande escala dependendo do caso.

Embora a realidade também seja afetada por pensamentos e crenças equivocadas, a interpretação do neurótico não chega a ser influenciada por alucinações.

Características da neurose

A instabilidade emocional e preocupação em excesso com determinados objetos e cenários são características intrínsecas da neurose.

A pessoa neurótica imagina um resultado desastroso de uma situação simples, frustrando-se com seus próprios pensamentos ruins e explodindo com quem está próximo.

Logicamente, a fantasia nesses casos raramente se concretiza. O sofrimento antecipado é, então, em vão. Sua única utilidade é trazer ainda mais angústia e aflição para o paciente.

Alguns sintomas da neurose são:

- Fobias.
- Ansiedade.
- Sensação de vazio e não pertencimento.
- Paranoia.
- Isolamento social.
- Apatia.
- Insônia.
- Pessimismo.
- Angústia.
- Melancolia.

Eventualmente, as pessoas neuróticas se tornam intolerantes com experiências sociais os quais consideram desagradáveis. Por conta de suas reações excessivas aos eventos cotidianos, passam a ser indesejadas pelos demais.

Vale resaltar que o termo "neurótico" passou a ser costumeiramente usado para se referir a pessoas com determinadas condutas desgostáveis.

Algumas pessoas até mesmo se referem a si mesmas como neuróticas por gostarem de limpeza ou organização. Porém, esta expressão coloquial é diferente da definição clínica de neurótico.

As neuroses hoje

Com o passar das décadas e aparecimento de grandes eventos históricos, como as guerras mundiais, a <u>psicologia</u> e a psicanálise foi se desenvolvendo. Os profissionais passaram a ter maior entendimento das neuroses.

Fonte:

Tatiana Pimenta

CEO e Fundadora da Vittude. É apaixonada por psicologia e comportamento humano, sendo grande estudiosa de temas como Psicologia Positiva e os impactos da felicidade na saúde física e mental. Cursou The Science of Happiness pela University of California, Berkeley. É maratonista e praticante de Mindfulness. Encontrou na corrida de rua e na meditação fontes de disciplina, foco, felicidade e produtividade. Você também pode me seguir no Instagram @tatianaacpimenta

Psicose

A <u>psicose</u> é o estado mental patológico caracterizado pela perda de contato do indivíduo com a realidade, que passa a apresentar sintomas como delírios, alucinações, pensamento e fala desorganizados e comportamento motor inapropriado, incluindo catatonia.

A <u>psicose</u> pode ser causada por inúmeros fatores, desde sociais, como o abuso de substâncias psicoativas e isolamento social; como psicológicos e genéticos, como a presença de transtornos mentais e hereditariedade.

Outras algumas possíveis causas de psicose incluem:
<u>Transtorno bipolar</u>
<u>Depressão</u>
<u>Mal de Alzheimer</u>
<u>Esquizofrenia</u>
Uso de substâncias psicoativas, como maconha e cocaína

<u>Estresse</u> psicológico severo
Privação do sono

<u>Epilepsia</u>
Abstinência de álcool

Lupus

Infecções e cânceres do sistema nervoso central

<u>Insuficiência renal</u> e hepática
Cistos no cérebro ou tumores cerebrais

Acidente vascular cerebral (<u>AVC</u>)
<u>AIDS</u>
Sífilis

Os tipos de psicose são:

Psicose resultante de uma condição mental ou psicológica, como esquizofrenia ou transtorno bipolar
Psicose induzida pelo abuso de substâncias psicoativas e álcool

Psicose reativa breve, que surge como resultado de um evento extremamente estressante

Psicose orgânica, causada por uma lesão cerebral ou enfermidade física que altere o funcionamento do cérebro

Os principais sintomas da psicose são muito diversos e podem ser percebidos por meio de mudanças nas características pessoais do indivíduo, como o humor, modo de pensar e comportamento. Destaca-se que a intensidade pode variar de

pessoa para pessoa e se alterar com o decorrer do tempo. Alguns dos principais sintomas incluem: Pensamento confuso: o modo que a pessoa encontra para se expressar costuma ser alterado, não havendo conexão entre as ideias.

Nesses casos, as frases emitidas pelo paciente podem não ter sentido ou não serem claras. O indivíduo também pode encontrar dificuldades para concentrar-se e ter problemas de memória recente

Delírios: a falsa ideia de perseguição está entre os principais tipos de delírios, caracterizada por sentimentos de medo e desconfiança constante. Uma pessoa com psicose pode, ainda, achar que tem poderes especiais ou que a televisão ou o rádio estão mandando mensagens diretamente a ela. Também pode apresentar ideias e pensamentos que fogem da realidade e acreditar em algo que não está acontecendo.

Alucinações: são percepções falsas da realidade. O indivíduo ouve vozes, vê coisas que não existem, sente cheiros esquisitos e pode ter sensações tácteis desagradáveis

Comportamento alterado: no início, esse sinal costuma se manifestar na queda do rendimento no trabalho ou na escola. Os indivíduos podem ficar tanto ativos quanto letárgicos. Podem permanecer a maior parte do dia deitados ou sentados imóveis, assistindo televisão.

Se antes essas mesmas pessoas eram comunicativas, de uma hora para a outra, elas podem não querer mais conversar com ninguém, preferindo ficar sozinhas no quarto, recolhida — como também pode acontecer também o inverso. Também podem falar ou rir sozinhos sem nenhum estímulo aparente.

Diagnóstico

A avaliação psiquiátrica é um dos métodos mais utilizados por médicos para diagnosticar uma psicose. Alguns testes laboratoriais também podem ser solicitados, como exame de sangue para medir os níveis de hormônios e eletrólitos na corrente sanguínea e também para detectar infecções, como <u>sífilis</u>.
Testes para verificar a presença de algumas drogas no organismo também podem ser realizados — bem como exame de <u>ressonância magnética</u> cerebral.

O abuso de substâncias como o álcool e alguns tipos de drogas, principalmente as do tipo estimulantes, é o principal fator de risco para o surgimento de uma psicose. O estado de psicose pode se manifestar em todas as idades.

Buscando ajuda médica

A pessoa com psicose, em virtude dos sintomas do quadro, não apresenta crítica ou reconhece a situação — uma vez que há apreensão incorreta da realidade.

Por isso, é importante que, a partir do surgimento dos primeiros sinais, um familiar procure ajuda médica especializada.

O tratamento da psicose depende da causa e do tipo de psicose. Quadros de esquizofrenia e bipolaridade, por exemplo, podem ser tratados a partir da administração de medicamentos antipsicóticos e outros para o controle dos sintomas — além de terapia cognitiva comportamental.

Se o paciente apresentar alguma dependência física ou psíquica de substâncias como drogas ou álcool, o tratamento também deverá reabilitá-lo dos vícios. Em alguns casos, a internação hospitalar pode ser necessária, principalmente se houver riscos para a segurança da pessoa e de outras pessoas ao redor.

Os medicamentos mais usados para o tratamento de psicoses são:

Haloperidol
Clorpromazina

Olanzapina
Risperidona
Ziprasidona

Amissulprida

Quetiapina

Somente um médico pode dizer qual o medicamento mais indicado para o seu caso, bem como a dosagem correta e a duração do tratamento. Siga sempre à risca as orientações do seu médico e NUNCA se automedique.

Não interrompa o uso do medicamento sem consultar um médico antes e, se tomá-lo mais de uma vez ou em quantidades muito maiores do que a prescrita, siga as instruções na bula.

A psicose pode ter cura dependendo da causa e do tipo. Para alguns tipos da doença, não há cura viável, mas se o fator causador puder ser identificado e corrigido, o resultado geralmente é satisfatório e o tratamento com antipsicóticos tende a ser breve também.

Algumas psicoses crônicas, como a esquizofrenia, podem exigir tratamentos por toda a vida para controlar os sintomas.

Evitar o consumo excessivo de álcool e cortar totalmente o uso de drogas pode ajudar a prevenir o tipo de psicose induzida por essas substâncias. Outros tipos da doença, no entanto, não podem ser prevenidos

Acompanhamento médico e psiquiátrico frequente é mais que necessário para tanto o paciente quanto seus familiares conseguirem lidar bem com a doença.

Para isso, é estritamente necessário que o paciente siga à risca as orientações médicas, obedecendo ao tratamento e não faltando às visitas ao psiquiatra.

A psicose afeta diretamente a qualidade de vida do indivíduo. Muitos pacientes não conseguem levar uma vida normal devido aos sintomas, que são caracterizados principalmente pela perda de contato com a realidade.

Os sinais de uma psicose afetam diretamente no desempenho da pessoa no trabalho e nos estudos, além de impedi-lo de exercer algumas atividades básicas do dia a dia com eficiência.

Em suma, pacientes diagnosticados com algum tipo de psicose têm dificuldade para viver normalmente e muitas vezes são incapazes de cuidar de si mesmos. Se a doença não for tratada, eles podem apresentar perigo para si mesmos e outras pessoas ao redor.

Fonte:

Ministério da Saúde, Departamento de Psiquiatria da Unifesp

Por:

Especialista consultado Dr. Saulo Vito CiascaPsiquiatria

Escrito por Susana TarginoAssistente Editorial

Redatora especialista em conteúdos sobre saúde, família e alimentação.

O transtorno bipolar

O transtorno bipolar, também conhecido como doença maníaco-depressiva, é um transtorno cerebral que causa mudanças incomuns no humor, na energia, nos níveis de atividade e na capacidade de realizar as tarefas do dia-a-dia.

O transtorno bipolar atinge cerca de 4% das pessoas em idade adulta. O número de pessoas diagnosticadas com este quadro pode chegar a 6 milhões de pessoas no Brasil.

Existem quatro tipos básicos de transtorno bipolar. Todos eles envolvem mudanças claras no humor, na energia_e nos níveis de atividade.

Esses estados de humor variam de períodos de comportamento extremamente "ascendente", exaltado e energizado (conhecido como episódios maníacos) a períodos muito tristes, "baixos" ou sem esperança (conhecidos como episódios depressivos). Os períodos maníacos menos severos são conhecidos como episódios hipomaníacos.

Transtorno Bipolar I – definido por episódios maníacos que duram pelo menos 7 dias, ou por sintomas maníacos que são tão graves que a pessoa precisa de cuidados hospitalares imediatos. Geralmente, episódios depressivos ocorrem também, tipicamente durando pelo menos 2 semanas. Episódios de depressão com características mistas (com depressão e sintomas maníacos ao mesmo tempo) também são possíveis.

Transtorno Bipolar II – definido por um padrão de episódios depressivos e episódios hipomaníacos, mas não os episódios maníacos desenvolvidos acima.

Desordem ciclotímica (também chamada ciclotimia) – definida por numerosos períodos de sintomas hipomaníacos, bem como inúmeros períodos de sintomas depressivos de pelo menos 2 anos (1 ano em crianças e adolescentes). No entanto, os sintomas não atendem aos requisitos diagnósticos para um episódio hipomaníaco e um episódio depressivo.

Outros Transtornos Bipolares e Relacionados Especificados e Não Especificados – definidos por sintomas de transtorno bipolar que não correspondem às três categorias listadas acima.

Sinais e sintomas

As pessoas com transtorno bipolar experimentam períodos de intensidade não usuais, mudanças nos padrões de sono e níveis de atividade e comportamentos incomuns. Esses períodos distintos são chamados de "episódios de humor".

Os episódios de humor são drasticamente diferentes dos modos e comportamentos típicos da pessoa. As mudanças extremas na energia, na atividade, e no sono vão junto com os episódios do modo.

Às vezes, um episódio de humor inclui uma junção de sintomas maníacos e depressivos. Isso é chamado de episódio com características misturadas. Pessoas experimentando um episódio com características combinadas podem se sentir muito tristes, vazias ou sem esperança, ao mesmo tempo em que se sentem extremamente energizadas.

A bipolaridade pode estar atual mesmo quando as oscilações de humor são menos extremas. Por exemplo, algumas pessoas com transtorno bipolar experimentam hipomania, uma forma menos grave de mania. Durante um episódio hipomaníaco, um indivíduo pode se sentir muito bem, ser altamente produtivo e funcionar bem. A pessoa pode não sentir que algo está errado, mas a família e os amigos podem reconhecer as mudanças de humor e / ou mudanças nos níveis de atividade como possível transtorno bipolar. Sem tratamento adequado, as pessoas com hipomania podem desenvolver mania severa ou depressão.

Diagnóstico

Um bom diagnóstico e tratamento ajudam as pessoas com transtorno bipolar a levar vidas saudáveis e produtivas. Falar com um <u>psiquiatra ou um psicólogo</u> é o primeiro passo para qualquer pessoa que desconfie de um quadro de transtorno bipolar. Um <u>psiquiatra</u> pode completar um exame físico para descartar outras condições. Se os problemas não são causados por outras doenças, o médico pode realizar uma avaliação de <u>saúde mental</u> ou fornecer uma referência a um psiquiatra ou psicólogo, que tenham experiência em diagnosticar e tratar o transtorno bipolar.

Pessoas com transtorno bipolar são mais propensos a procurar ajuda quando estão deprimidos do que quando experimentando mania ou hipomania. Portanto, uma anamnese médica cuidadosa é necessária para garantir que não seja erroneamente diagnosticado como depressão maior.

Ao contrário das pessoas com transtorno bipolar, as pessoas que têm apenas depressão (também chamada de depressão unipolar) não experimentam mania. Eles podem, no entanto, experimentar alguns sintomas maníacos ao mesmo tempo, que também é conhecido como transtorno depressivo maior com características misturadas.

Alguns sintomas da bipolaridade são semelhantes a outras doenças, o que pode tornar difícil para um médico realizar um diagnóstico. Além disso, muitas pessoas têm transtorno bipolar juntamente com outra doença, como transtorno de <u>ansiedade,</u> abuso de substâncias, ou um transtorno alimentar.

Pessoas bipolares também estão em maior risco de doença da tireóide, dores de cabeça de enxaqueca, doenças cardíacas, diabetes, obesidade e outras doenças físicas.

Psicoses

Às vezes, uma pessoa com episódios graves de mania ou depressão também tem sintomas psicóticos, tais como alucinações ou delírios. Os sintomas psicóticos tendem a corresponder ao humor extremo da pessoa. Por exemplo:

Alguém com sintomas psicóticos durante um episódio maníaco pode acreditar que é famosa, tem muito dinheiro ou tem poderes especiais.

Alguém que tenha sintomas psicóticos durante um episódio depressivo pode acreditar que ele está arruinado e sem um tostão, ou que cometeu um crime.
Como resultado, as pessoas com transtorno bipolar que também têm sintomas psicóticos são, por vezes erroneamente diagnosticados com <u>esquizofrenia</u>.

Borderline

O transtorno borderline é muitíssimo parecido com o transtorno bipolar e conta com vários aspéctos patológicos, tais como alergias cutâneas que surgem do nada e se vão da mesma forma, o humor também é alterado subitamente.

A síndrome acomete cerca de 75% de mulheres e tem efeitos alarmantes na vida de quem luta diariamente contra ela.

Dona de uma das vozes mais marcantes da atualidade e de atitudes polêmicas, a cantora Amy Winehouse morreu em 2011, aos 27 anos de idade, após uma intoxicação alcoólica. Mas, o que muita gente não sabe é que, por trás das tatuagens, do álcool, das drogas e de seu comportamento controverso, a diva inglesa sofria de um transtorno pouco falado: A Síndrome de Borderline.

O filme "Garota Interrompida", dirigido por James Mangold e baseado no livro de Susanna Kaysen, mostra a história da própria autora diagnosticada com o transtorno na década de 60.

Também conhecida por Transtorno de Personalidade Limítrofe ou Transtorno de Personalidade Borderline, a Síndrome de Borderline é caracterizada por um padrão de mudanças súbitas de humor, comportamentos impulsivos e autodestrutivos, deturpação da autoimagem, compulsões, descontrole emocional, entre outros.

Essa condição gera episódios intensos de raiva, ansiedade, depressão e dificuldade em criar laços, já que seus relacionamentos são instáveis. Os acessos de fúria de Amy Winehouse viraram piada na mídia, assim como seu relacionamento conturbado com o Blake Fielder-Civil.

O primeiro teórico a utilizar o termo "borderline" foi o o psicanalista alemão Adolf Stern na obra "Terapia e investigação psicanalítica do grupo das neuroses borderline".

A palavra "borderline" vem do inglês e significa "na fronteira", fazendo uma alusão aos portadores da condição que vivem no limite entre a neurose (perturbações sensoriais, motoras, emocionais e/ou vegetativas de origem psíquica que conservam a referência à realidade) e a psicose (há perda de noção da realidade).

Os indivíduos com Borderline apresentam incertezas sobre quem são, além de mudanças súbitas e extremas de humor e interesses. Conheça mais alguns sintomas e sinas sobre o que o Borderline causa.

Autoimagem distorcida: O borderline possui instabilidade sobre seu próprio ser, ele não sabe ao certo quem é, e essa falta de si gera baixa autoestima. Amy não apenas gostava de tatuagens, mas cobriu seu corpo com elas, uma atitude desesperada em se esconder e tentar suprir a falta de identidade que possuía sobre si mesma.

Relações instáveis, intensas e turbulentas: Não é segredo algum a relação conturbada entre Amy e Blake. As idas e vindas, o abuso de drogas e alcóol e a prisão de Blake, separando marido e mulher, era longe de ser calmo e sadio.

O padrão dessas relações intensas e instáveis com familiares, amigos e entes queridos, é uma das características de quem sofre de Borderline. As emoções são fortes e passam do controle, resultando em episódios de extremo afeto e de extrema fúria ou desvalorização.

As paixões são fulminantes, mas passageiras.

Impulsividade: Agem muitas vezes sem pensar nas consequências, seja com compras, abuso de substâncias ilícitas, sexo, etc. A impulsividade é um dos traços do Borderline e gera ações imprudentes e com tendências à compulsão.

Alterações de humor: As mudanças repentinas de humor variam entre momentos de extrema euforia e de profunda melancolia.

Automutilação e <u>comportamento suicida</u>: Aliviar a angústia emocional no próprio corpo através de ferimentos, cortes, queimaduras, entre outros, é um traço muito comum entre os pacientes. Por terem uma noção deturpada de sua própria imagem, os indivíduos que sofrem do transtorno praticam a automutilação para aliviar as dores emocionais a fim de tentarem minimazá-las e controlá-las.

Esse comportamento auto-destrutivo pode chegar ao nível de suicídio, por isso o diagnóstico é de vital importância.

Sentimento de abandono e solidão: O medo de ficar sozinho e de ser abandonado por aqueles a quem ama é extremamente intenso em quem sofre da síndrome. Por isso, se tornam muito possessivos e pouco compreensivos com a falta das pessoas amadas.

Descontrole: Domar as emoções é uma tarefa muito complicada para eles. As emoções estão frequentemente à flor da pele, então episódios de fúria, descontrole, irritabilidade, pânico e agressividade podem acontecer, e se não for tratado, pode ser extremamente perigoso, tanto para o paciente quanto para aqueles que o cercam.

Entenda a diferença entre Borderline e Bipolaridade:

Tipos de Borderline

Não existe uma classificação oficial e científica sobre os tipos de Síndrome Borderline. Porém, alguns autores se empanharam em estudar possíveis diferenças entre os indivíduos com o transtorno.

Fatores de Risco

As origens do Transtorno de Personalidade Borderline ainda são pouco conhecidas. Sabe-se que existe uma predisposição genética para ela acontecer e fatores psicobiológicos acerca do descompassado cerebral do neurotransmissor serotonina.

Outro possível causador do transtorno pode ser gerado por eventos traumáticos vividos pela pessoa durante a infância ou adolescência, tais como abandono, diagnóstico de doença, orfandade, morte de entes queridos, abuso psicológico e/ou sexual, negligência, terror psicológico, separação dos pais, entre outros.

Gênero

De acordo com a Sociedade Brasileira de Psicologia (SBP), acredita-se que o transtorno seja mais predominante em mulheres (75%) e que os sintomas apareçam entre 18 e 25 anos de idade.

Borderline e Relacionamentos

O Borderline no amor possui um perfil extremamente intenso. O medo do abandono os torna possessivos e incompreensíveis: nenhuma justificativa é plausível para a falta do outro. Desconfiança os cerca e a insegurança toma conta.

O que os(as) parceiros(as) de pessoas com Borderline podem fazer é ter paciência, saber ouvir e insistir em seu acompanhamento psicológico. O apoio e presença são fundamentais.

Teste e Diagnóstico

Ainda pouco discutido, o Borderline por vezes é erroneamente diagnosticado ou não investigado. Quem pode diagnosticar a síndrome são os psiquiatras ou psicólogos através de análises e entrevistas completas durante a sessão psicológica, além de pedirem uma série de exames médicos.

A análise clínica pode ser uma ferramenta para descartar outras doenças e transtornos. É essencial realizar exames fisiológicos. O borderline no exame de sangue, ou hemograma, é identificável, assim como a sorologia. Ambos são utilizados na comparação e descarte de outras doenças mentais como depressão ou esquizofrenia, por exemplo.

Tratamento

Na década de 60, o Borderline era pouco conhecido e seu tratamento difícil de ser feito, como mostra o filme "Garota Interrompida", onde a jovem Susanna foi diagnosticada com o transtorno e levada à sessão de psicanálise e, induzida pelos pais, internada em um hospital psiquiátrico.

Psicoterapia

Hoje os estudos sobre o transtorno são mais abrangentes e há outras medidas para serem tomadas antes de qualquer internação. O acompanhamento psicológico é o primeiro passo para tratar do Transtorno de Personalidade Limítrofe.

O Borderline e esquizofrenia são muito associados, assim como o Borderline e depressão, por isso o diagnóstico e acompanhamento com o psiquiatra são fundamentais para distinguir as doenças e propriamente tratar a síndrome. Há também quem confunda Borderline e bipolaridade. São duas doenças distintas que requerem tratamentos específicos.

Medicamentos

A indicação de medicamentos aos pacientes com Borderline ainda não são primariamente feitas, já que não são concretas as melhorias e efeitos. Entretanto, o psiquiatra pode recomendar remédios para curar sintomas específicos, como alterações de humor, depressão, etc, fazendo uso de estabilizadores de humor e antidepressivos.

O que fazer para ajudar?

Existem diversas maneiras de ajudar o indivíduo com a síndrome.

Pesquise e se informe sobre o transtorno. O conhecimento é essencial para identificar os sintomas e auxiliar o borderline em crise.

Incentive a pessoa a procurar ajuda profissional.

Procure um profissional para receber dicas de como lidar com a síndrome;

Não banalize a condição e as frases ditas pelo borderline.

Elas contem pedidos de ajuda inconscientes ou avisos que podem ser transformados em atos, como o suicídio.

Amy Winehouse;

Princesa Diana (Lady Di)

Angelina Jolie

Marilyn Monroe

Lindsay Lohan

Britney Spears

Monique Evans

Amy Winehouse, em seu single "Rehab", cantou "Eles tentaram me levar para a reabilitação e eu disse não". Uma das características do Borderline é a compulsão. Amy tinha problemas com o abuso de drogas e álcool, porém todas as suas tentativas de reabilitação e tratamento falharam.

Quando o paciente se recusa a ter o tratamento adequado, é importante ter o apoio da família. A cantora e o pai, Mitch Winehouse, sempre tiveram um relacionamento conturbado. Os mais próximos da família dizem que ele tentou pegar carona na fama de Amy e se aproveitar de seu talento para ganhar dinheiro e o próprio estrelado. Tal abuso só piorou a situação da cantora.

Nenhuma doença invisível deve ser banalizada. Sem o tratamento adequado, o sofrimento só aumenta, assim como as chances de mais destinos trágicos, como foi o de Amy Winehouse.

TDAH

O Transtorno de Déficit de Atenção com Hiperatividade, também chamado de TDAH ou DDA é muito mais comum do que imaginamos, só no Brasil registra-se em média 2 milhões de casos por ano (segundo dados do Hospital Israelita A. Einstein).

Outro ponto muito importante de compreendermos, não só quem possui o transtorno, mas todos é o de que ele não possui cura, mas tem tratamento. Mas como então algumas pessoas "se curam" do TDAH quando adultas?

Os sintomas em adultos incluem

Dificuldade de concentração

Dificuldade para completar tarefas (habilidades executivas ruins)

Inquietação

Oscilações do humor

Impaciência

Dificuldade em manter relacionamentos

Pode ser ainda mais difícil diagnosticar o TDAH na idade adulta. Os sintomas podem ser semelhantes àqueles dos transtornos mentais, incluindo os <u>transtornos do humor</u> e os <u>transtornos da ansiedade</u>. Adultos que praticam o abuso de álcool e de drogas recreativas podem ter sintomas semelhantes.

Para poder diagnosticar o TDAH, o médico pede ao adulto para responder questionários, mas ele pode também examinar o histórico escolar para confirmar a existência de um padrão de desatenção ou impulsividade.

Os adultos com TDAH podem se beneficiar dos mesmos tipos de medicamentos estimulantes que as crianças afetadas. Eles possivelmente precisarão de terapia com o psicólogo para ajudá-los a melhorar sua habilidade de administrar o tempo e desenvolver outras técnicas para lidar com os problemas.

O TDAH não tem uma causa única específica, mas fatores genéticos (hereditários) estão com frequência presentes. Pesquisas indicam ser provável que o TDAH envolva anomalias dos neurotransmissores (substâncias que transmitem impulsos nervosos no cérebro).

Alguns fatores de risco incluem baixo peso ao nascimento (abaixo de 1.500 g), traumatismo craniano, infecção cerebral, deficiência de ferro, <u>apneia obstrutiva do sono</u> e exposição a chumbo, assim como exposição a álcool, tabaco ou cocaína antes do nascimento. O TDAH também está associado a eventos traumáticos durante a infância, por exemplo, violência, abuso ou negligência.

Algumas pessoas expressaram preocupação quanto à possibilidade de aditivos alimentares e açúcar poderem causar TDAH. Ainda que algumas crianças pareçam se tornar hiperativas ou impulsivas após comer alimentos contendo açúcar, estudos confirmaram que as diferenças cerebrais que causam o TDAH estão presente ao nascimento e que alimentos e fatores ambientais não causam o transtorno.

O TDAH é principalmente um problema da atenção prolongada, da concentração e da persistência (capacidade de terminar uma tarefa). As crianças afetadas podem ser também superativas e impulsivas. As crianças em idade pré-escolar com TDAH podem ter problemas com a comunicação e parecem ter problemas com as interações sociais. À medida que as crianças atingem a idade escolar, elas podem parecer desatentas.

Elas podem se remexer nervosamente. Elas podem ser impacientes e falar impulsivamente. Durante as últimas etapas da infância, essas crianças mexem constantemente as pernas e as mãos de forma nervosa, falam impulsivamente, esquecem coisas com facilidade e podem ser desorganizadas. Elas geralmente não são agressivas

Cerca de 20% a 60% das crianças com TDAH têm <u>transtornos de aprendizagem</u> afetando a leitura, a matemática ou a linguagem escrita, e a maioria tem problemas acadêmicos como notas baixas devido à desorganização ou tarefa de casa incompleta (habilidades executivas).

O trabalho escolar pode ser desorganizado, com erros motivados pelo descuido e falta de reflexão. As crianças afetadas comportam-se frequentemente como se sua mente estivesse em outro lugar e elas não estivessem ouvindo.

Elas frequentemente não atendem a solicitações, nem terminam as tarefas escolares e domésticas ou outros deveres. Pode haver constantes alternâncias de uma tarefa não concluída para outra.

As crianças afetadas podem ter problemas de autoestima, depressão, ansiedade ou oposição à autoridade pela época em que alcançam a adolescência. Cerca de 60% das crianças pequenas têm problemas como <u>ataques de raiva</u> e a maioria das crianças maiores possui baixa tolerância à frustração.

O diagnóstico de TDAH se baseia no número, frequência e gravidade dos sinais. As crianças devem ter seis ou mais sinais de desatenção ou de hiperatividade e impulsividade (ou seis de *cada* grupo para diagnosticar o tipo combinado de TDAH; consulte Sinais de TDAH). Os sinais devem estar presentes em, pelo menos, dois ambientes separados (normalmente, casa e escola) para que a reação da criança a problemas específicos em uma situação não seja confundida com TDAH. A ocorrência dos sinais apenas em casa ou apenas na escola, e em nenhum outro lugar, não se qualifica como TDAH, porque esses sinais podem ser causados pela situação específica.

Os sinais devem também ser mais pronunciados do que seria esperado para o nível de desenvolvimento da criança e devem estar presentes por, pelo menos, seis meses. O diagnóstico é geralmente difícil, pois depende da opinião do observador. Além disso, as crianças que são principalmente desatentas podem não ser percebidas até o seu desempenho acadêmico ser afetado de maneira adversa.

Não existem exames de laboratório para o TDAH. Questionários sobre diferentes aspectos do comportamento e desenvolvimento podem ajudar os médicos e psicólogos a estabelecer um diagnóstico. Como os distúrbios de aprendizagem são frequentes, muitas crianças são submetidas a exames psicológicos para determinar se elas têm TDAH e para detectar a presença de um distúrbio de aprendizagem específico, seja como causa da desatenção ou como um problema coexistente.

Um exame físico e, às vezes, também são realizados vários exames de sangue e outros para excluir outros distúrbios.

De forma significativa, a grande maioria das crianças com TDAH se torna adultos produtivos e pessoas com TDAH parecem se adaptar melhor ao trabalho do que à escola. Contudo, se o distúrbio não for tratado na infância, o risco de abuso de álcool ou drogas e de suicídio pode aumentar.

A desatenção das crianças com TDAH geralmente não desaparece com a idade, ainda que as crianças com hiperatividade tendam a se tornar um tanto menos impulsivas e hiperativas com a idade. Contudo, a maioria dos adolescentes e dos adultos aprende a se adaptar à sua falta de atenção. Cerca de um terço das pessoas percebem que elas continuam a se beneficiar do uso de medicamentos estimulantes.

Outros problemas que podem se manifestar e persistir na adolescência e na idade adulta incluem baixo rendimento acadêmico, desorganização (conhecidas como habilidades executivas ruins), baixa autoestima, ansiedade, depressão e dificuldade para aprender comportamentos sociais apropriados.

Medicamentos psicoestimulantes

Modificação do comportamento

As crianças são tratadas com terapia comportamental e com medicamentos estimulantes. Os medicamentos ajudam a aliviar os sintomas e facilitam a participação das crianças na escola e em outras atividades. A terapia combinada é especialmente benéfica para crianças mais novas. Já nas crianças em idade pré-escolar, a terapia comportamental pode ser suficiente.

A lei federal dos EUA sobre educação para indivíduos com deficiências (Individuals with Disabilities Education Act, IDEA) exige que as escolas públicas ofereçam educação gratuita e apropriada para crianças e adolescentes com TDAH.

A educação deve ser fornecida no ambiente menos restritivo e mais inclusivo possível, ou seja, um ambiente no qual a criança tem todas as oportunidades para interagir com outras crianças não afetadas e tenha igual acesso aos recursos da comunidade. A <u>Americans with Disability Act</u> e a <u>Seção 504 da Rehabilitation Act</u> também fornecem acomodações em escolas e outros ambientes públicos.

Farmacoterapia

Os medicamentos psicoestimulantes são o tratamento farmacológico mais eficaz. Metilfenidato e outros <u>medicamentos semelhantes à anfetamina</u> são os psicoestimulantes mais frequentemente receitados. Eles são igualmente eficazes e têm efeitos colaterais similares.

Diversos preparados de liberação lenta (de ação mais longa) estão disponíveis, além das formas regulares, e permitem a administração da dose uma vez ao dia, podendo ajudar a evitar o uso inadequado.

Os efeitos colaterais dos medicamentos psicoestimulantes podem incluir

Distúrbios do sono (tais como insônia)

Supressão do apetite

Cefaleias

Dor de estômago

Frequência cardíaca e pressão arterial elevadas.

Depressão, tristeza ou ansiedade

A maioria das crianças não apresenta efeitos colaterais, exceto talvez redução do apetite.

Todos os efeitos colaterais desaparecem quando o medicamento é interrompido. Contudo, quando tomados em altas dosagens por muito tempo, os estimulantes podem retardar o crescimento das crianças e esse crescimento retardado pode continuar na idade adulta.

Por isso, os médicos monitoram o peso e a altura. Caso a criança esteja crescendo lentamente ou apresente efeitos colaterais significativos, é possível que o médico indique tirar "férias terapêuticas". Durante as "férias terapêuticas", os medicamentos estimulantes são interrompidos nos períodos em que as crianças não precisam estar atentas ou concentradas, por exemplo, durante o fim de semana ou nas férias de verão. Contudo, algumas crianças têm muita dificuldade em desempenhar suas atividades mesmo fora da escola e talvez não consigam tolerar as "férias terapêuticas".

Infelizmente não são todas as escolas que possuem profissionais psicopedagogos para fazer o prognóstico a tempo de auxiliar os familiares e as crianças com o TDAH.

Diversos outros medicamentos podem ser usados para tratar a falta de atenção e os sintomas comportamentais. Esses medicamentos incluem

Atomoxetina (um medicamento não estimulante para TDAH)

Alguns medicamentos normalmente usados para hipertensão arterial como a clonidina e guanfacina

Antidepressivos

Medicamentos ansiolíticos

Às vezes, uma combinação de medicamentos é usada.

Controle do comportamento
Para minimizar os efeitos do TDAH, são geralmente necessárias rotinas, estruturas, um plano de intervenção na escola e modificação das técnicas de educação dos pais.

Crianças sem desafios comportamentais significativos podem se beneficiar do tratamento medicamentoso sozinho. Contudo, estimulantes não funcionam durante todo o dia, por isso adaptações podem ser necessárias para ajudar com as habilidades organizacionais e de outra natureza. Terapia comportamental conduzida por um psicólogo infantil é às vezes combinada com tratamento medicamentoso.

Síndrome do pânico

A síndrome ou transtorno do pânico (ansiedade paroxística episódica) é uma doença que se caracteriza pela ocorrência repentina, inesperada e de certa forma inexplicável de crises de ansiedade aguda marcadas por muito medo e desespero, associadas a sintomas físicos e emocionais aterrorizantes, que atingem sua intensidade máxima em até dez minutos.

Apesar do Transtorno de Pânico não ser um assunto tão comum e frequente para a maioria dos brasileiros, as estatísticas mostram que cada vez mais gente tem sofrido desse tipo de distúrbio.

Um dado interessante sobre esse distúrbio, é que ele afeta majoritariamente as mulheres. Uma pesquisa feita pela National Comorbidity Survey (NCS), dos EUA, mostrou que 71% das pessoas com síndrome do pânico são mulheres e apenas 29%, homens.

A sensação que os ataque de pânico gera é tão forte, que as pessoas acabam alterando as suas rotinas, com medo que esse tipo de crise possa voltar a acontecer.

Esse medo de uma nova crise pode acabar desencadeando uma série de outros problemas. Se a pessoa teve um surto dentro de um ambiente público, por exemplo, ela pode vir a evitar esse tipo de espaço, se isolando do contato social.

E com isso, abrem-se portas para novos distúrbios. É o caso da depressão, que pode agravar ainda mais o quadro de Síndrome do Pânico

Causas

Uma das grandes questões em relação à Síndrome do Pânico é que ainda não existem estudos que comprovem com 100% de certeza as causas desse tipo de distúrbio.

Mas, no geral, vários fatores podem contribuir com o seu desenvolvimento, entre os principais estão fatores genéticos e ambientais, estresse acentuado, uso abusivo de certos medicamentos (as anfetaminas, por exemplo), drogas e álcool, possam estar envolvidos.

SINTOMAS

A primeira categoria de sintomas da Síndrome do Pânico envolve o aspecto físico. E dentre os principais apresentados por uma pessoa que está tendo um ataque de pânico, estão:

Elevação dos batimentos cardíacos;
Palpitações;
Suor excessivo;
Tremedeira;
Dificuldade em respirar ou falta de ar;
Sensação de estar sofrendo asfixia;
Desconforto ou dores no peito;
Tonturas;
Sensação de fraqueza;
Sensação de calor;
Calafrios;
Formigamento;
Sensações de entorpecimento.

Além dos sintomas físicos, os ataques de pânico também podem gerar sintomas psicológicos que podem se apresentar em diferentes níveis de intensidade. Entre os principais estão:

Medo extremo, muitas vezes sem motivo aparente;
Perda de controle sobre os pensamentos;
Sensação de estar fora do corpo;
Medo extremo de morrer;
Sensação de que está sendo esmagado.

Diagnóstico

Somente um médico especialista poderá definir o diagnóstico do transtorno do pânico conforme os critérios estabelecidos no DSM.IV, o Manual de Diagnóstico e Estatística das Perturbações Mentais.

O DSM.IV não é e não deve ser usado na psicanálise, pois como já foi dito, psicanalistas não fazem testes, porém a intenção do autor é levar conhecimento ao leitor.

Uma crise isolada ou uma reação de medo intenso diante de ameaças reais não constituem eventos suficientes para o diagnóstico da doença.

As crises precisam ser recorrentes e provocar modificações no comportamento que interferem negativamente no estilo de vida dos pacientes.

Entre as doenças que podem ter sintomas semelhantes estão: ataques cardíacos, outros transtornos de ansiedade, hipertireoidismo, epilepsia e a hipoglicemia.

Tratamento

Uma vez que o diagnóstico é feito por um profissional qualificado, é necessário iniciar o tratamento do distúrbio, que pode incluir diversas abordagens.

É bastante comum que os tratamentos se iniciem com a prescrição de medicamentos antidepressivos (tricíclicos ou de nova geração) e psicoterapia, especialmente a psicoterapia cognitivo-comportamental, que defende a exposição a situações que provocam pânico, o qual nós psicanalistas chamamos de transferência, de forma sistemática, gradual e progressiva, até que ocorra a dessensibilização diante do agente agressor.

Diferenças entre Distúrbio, Síndrome e Transtorno

É comum que síndromes, distúrbios e transtornos sejam tratados como sinônimos e empregados erroneamente. Apesar de algumas semelhanças, cada um destes problemas tem um conceito com características diferentes. Saiba mais sobre a definição de cada.

Síndrome

É denominada síndrome, a condição clínica caracterizada pela reunião de sintomas ou sinais ligados a mais de uma causa. As síndromes podem ter origens diversas, e por isso, pode ser difícil fechar um diagnóstico sobre as causas desse quadro vulnerável.

Exemplos:

Síndrome do Pânico (SP);
Síndrome Guillain-Barré (SGB);
Síndrome de Down (SD).

Distúrbio

O distúrbio é uma alteração nas condições físicas ou mentais do indivíduo que afeta o funcionamento de algo em sua rotina, e geralmente tem origem de fácil identificação. Essa perturbação pode interromper ou afetar o desenvolvimento neurológico, o hábito alimentar, a interação social e anormalidades físicas.

Os distúrbios que causam problemas ou atrasam a maturação as funções do Sistema Nervoso Central (SNC), geralmente são identificados na infância e persistem na vida adulta comprometendo a habilidade intelectual. Outros podem surgir posteriormente e causar "perturbação" na capacidade de condução das atividades do dia a dia do indivíduo.

Transtorno

A definição de transtorno parte do significado do verbo de origem, "transtornar", que refere se a inversão da ordem regular ou natural das coisas. Tratando de maneira mais específica, com relação a saúde psiquiátrica, o transtorno pode ser conceituado como a perturbação da ordem mental devido a falha na estimulação da parte frontal do cérebro. Os transtornos afetam as relações interpessoais do indivíduo causando como sofrimento, confusão de personalidade e sentimento de incapacidade.
Os transtornos mentais são classificados em tipos, e estão relacionados à alimentação, emocional, personalidade e movimentos do ser humano:

Transtorno Obsessivo Compulsivo (TOC);
Transtorno de Déficit de Atenção (TDA);
Transtorno de Bipolaridade (TB);
Depressão;
Transtorno de Ansiedade (TA);
Anorexia Nervosa.

TOC

(Transtorno Obsessivo Compulsivo)

O TOC é um distúrbio psicológico incapacitante, mas capaz de ser tratado

Todos os dias, Melvin tranca a porta de sua casa e se certifica 4 vezes de que realmente a trancou. Ao andar na rua, ele toma extremo cuidado para não pisar nas listras da calçada e olha frequentemente em direção ao chão para ter certeza de que não vai pisar nelas. No restaurante, ele leva seus próprios talheres e, antes, durante e após realizar sua refeição, lava as mãos incansavelmente.

Esse comportamento te pareceu estranho ou perfeitamente normal? Melvin, personagem de Jack Nicholson no filme "Melhor é Impossível", sofre de TOC (Transtorno Obsessivo Compulsivo).

Com certeza você já deve ter ouvido falar sobre o TOC. Estranho é pensar que é comum se deparar com pessoas como Melvin, que lavam as mãos diversas vezes ao dia, não saem de casa sem antes checar a bolsa várias vezes, não conseguem ver nada fora do lugar ou que arrumam e limpam excessivamente, entre outras atitudes corriqueiras.

No dia a dia, às vezes, falamos "Fulano tem TOC de limpeza", porém, não necessariamente a pessoa tem o transtorno. O TOC é uma doença e não uma simples mania. Trata-se da mentalização de regras e obrigações que fazem com que seus portadores obedeçam atos compulsivos, sendo eles físicos ou até mesmo mentais.

O propósito dessa atividade repetitiva é aliviar a ansiedade e o incômodo de pensamentos desagradáveis, mas que são constantes. Erroneamente, as pessoas pensam que qualquer mania e preocupação com organização significa ter TOC, e, frequentemente, usam esse termo para se referir a esses tipos de atitudes. "Ah, mas você limpa a casa toda a hora, que TOC!"

Apesar dessa introdução ainda fica a dúvida sobre o TOC: o que é, afinal? Bem, para início de conversa, o Transtorno Obsessivo Compulsivo possui CID (Classificação Estatística Internacional de Doenças e Problemas Relacionados com a Saúde) de F 42.0.

 O TOC (Transtornada Obsessiva Compulsiva) é "caracterizado por pensamentos, impulsos e imagens (obsessões) recorrentes, persistentes, indesejados e intrusivos e/ou por comportamentos repetitivos ou atos mentais que os pacientes são impelidos a fazer (compulsões) para tentar diminuir ou prevenir a ansiedade que as obsessões causam".

Dessa forma, é possível observar entre as suas suas principais características crises recorrentes e corriqueiras originadas de pensamentos obsessivos, ou, dependendo do caso, também com comportamentos compulsivos e cansativos por serem repetitivos.

Para entender melhor o que é Transtorno Obsessivo Compulsivo, tente comparar a pessoa que possui TOC com um disco riscado, isto é, que repete sempre aquele ponto. Assim, quando menos se espera a pessoa não consegue controlar ou bloquear os impulsos.

Geralmente, toda essa repetição vem acompanhada de um medo, nesse sentido, a pessoa sempre pensa que algo de ruim irá acontecer caso ela não faça o que lhe passa na mente. É como um jogo com regras e obstáculos pré-estabelecidos pela própria pessoa através de comportamentos irracionais.

De acordo com diversas pesquisas, acredita-se que 2% da população mundial sofre drasticamente com a doença de TOC. Em números, esse índice traz uma média de 152 milhões de indivíduos afetados com o problema.

Segundo a apuração de dados da Organização Mundial da Saúde (OMS), até 2020, o distúrbio psicológico está figurado entre os 10 motivos mais importantes de comprometimento por doença. No Brasil, o TOC afeta mais de 8 milhões de pessoas.

O que é obsessão?

De acordo com o Manual de Diagnóstico e Estatística de Transtornos Mentais, conhecido por <u>DSM-V</u>, as obsessões "são pensamentos, impulsos ou imagens recorrentes e persistentes que são vivenciados como intrusivos e indesejados".

Dessa forma, é importante compreender que esses pensamentos e impulsos, geralmente, causam angústia e ansiedade acentuada para o indivíduo. Além disso, o Manual MSD coloca que "o tema dominante dos pensamentos obsessivos pode ser dano, risco de si mesmo ou outros, perigo, contaminação, dúvida, perda ou agressão".

As obsessões não são prazerosas, aliás, são agonizantes. Por conta disso, vários pacientes tentam ignorar esses pensamentos, mas, boa parte deles acaba neutralizando esses impulsos encenando uma compulsão.

O que é compulsão?

As compulsões "são comportamentos repetitivos ou atos mentais que um indivíduo se sente compelido a executar em resposta a uma obsessão ou de acordo com regras que devem ser aplicadas rigidamente".

É interessante perceber que as compulsões também podem ser chamadas de rituais, pois são caracterizadas por comportamentos excessivos repetitivos e intencionais. Ademais, elas podem estar diretamente relacionadas com o evento temido ou não.

Dessa forma, as pessoas sob essa condição sentem que devem fazer algo a respeito para prevenir ou reduzir a ansiedade causada pelos pensamentos obsessivos. Então, aparece o comportamento compulsivo.

Causas

Agora que já vimos o que significa TOC, temos que saber entender quais os motivos que leva alguém a desenvolver essa condição. Existem diversas pesquisas que buscam compreender completamente a causa do TOC. Dentre as principais estão listados três fatores: biologia, genética e meio ambiente.

Acredita-se que algumas alterações que acontecem no nosso corpo e cérebro e a predisposição genética com possíveis distúrbios nos genes, favorecem o aparecimento do transtorno. Portanto, estudos mostram que o TOC é genético, mas não é o fator único ou central.

Outra questão a ser levada em consideração é o meio externo, como as infecções, situações estressantes e o estilo de vida do indivíduo. Sendo assim, o meio ambiente também pode ter uma influência grande nesse quesito.

Além disso, fatores psicológicos também podem corroborar para que o TOC dê as caras. Pessoas que aprenderam de forma errada como lidar com seus medos e ansiedades, podem encontrar nos rituais a segurança e confiança necessárias para conseguirem realizar uma atividade.

Sintomas

O TOC é um transtorno que nem sempre é associado como um distúrbio. Isso acontece pelo uso errado da sua terminologia, além das confusões do termo com algumas manias existentes.

Por conta disso, é fundamental saber identificar os sinais que o Transtorno Obsessivo Compulsivo dá. Dessa forma, é possível buscar ajuda o quanto antes para tratar essa questão.

Vale ressaltar que o TOC pode ser refletido em um pensamento obsessivo ou em alguma atitude compulsiva. É importante fazer tal distinção para entender melhor a extensão do transtorno.

Sendo assim, esses sintomas interferem em diferentes aspectos da vida e causam alterações no comportamento, pensamento e emoções dos envolvidos. Como consequência, muitos sentem medo da situação e evitam repetir contextos em que podem provocar esses sentidos.

Confira aqui os principais sintomas de Transtorno Obsessivo Compulsivo:

Sintomas de Obsessão

O transtorno obsessivo pode ser observado de diferentes maneiras. Por conta disso, elencamos as situações mais comuns dele:

Medo de contaminação ou sujeira;

Preocupação com simetria de objetos;

Pensamentos agressivos de autoagressão;

Pensamentos indesejados, incluindo de temas sexuais ou religiosos;

Preocupação com a ordem correta dos objetos.

Sintomas de Compulsão

O transtorno compulsivo pode ser observado de diferentes maneiras. Por conta disso, elencamos as situações mais comuns dele:

Mania de limpeza;

Lavagem das mãos excessiva;

Verificação repetidamente das coisas;

Contagem compulsiva;

Repetição de ações;

Organização excessiva.

Exemplos de TOC

Sabendo da definição do transtorno, o TOC de pensamentos obsessivos pode vir em várias formas. É muito comum, por exemplo, encontrar pessoas que extrapolam no limite de seu fervor religioso e, há quem use o termo "TOC religioso" para se referir à essa situação.

Além disso, o TOC e ansiedade estão intimamente ligados visto que o TOC não deixa de ser uma ação realizada a partir de um pensamento ansioso. Por isso, é importante prestar atenção nos sintomas para a situação não piorar.

Como exemplo, as ideias mais obsessivas que ocorrem podem passar por:

limpeza;

medo de contaminação;

agressividade;

dúvida;

preocupação com ordem;

simetria;

pensamentos sobre o que te para fazer;

listas intermináveis;

pensamentos obscenos.

Você sabia que existe mais de um tipo de TOC? Bem, apesar de geralmente ser tratado somente como uma única coisa, é possível verificar uma distinção sobre o transtorno.

Afinal, precisamos ter em mente que ele afeta cada pessoa de uma maneira diferente.

O primeiro tipo é conhecido como por Transtorno Obsessivo Compulsivo subclínico. Nesse contexto, os rituais e obrigações referentes a uma situação, embora possam se repetir com frequência, não atrapalham a vida da pessoa. Ou seja, esse componente de impedimento é um fato crucial de diferenciação.

Logo em seguida, temos o Transtorno Obsessivo Compulsivo propriamente dito. Dessa forma, a realização dos rituais continuam até que o alívio da ansiedade seja atingido. A pessoa não consegue parar até que sinta uma suavização dos sintomas que está sentindo.

Diagnóstico do Transtorno Obsessivo Compulsivo

Então, como ocorre o diagnóstico do TOC? Bem, por conta da complexidade do tema e dificuldade de percepção do problema durante um exame, o médico irá realizar uma série de perguntas para conseguir determinar uma definição.

Sendo assim, o diagnóstico será baseado, principalmente, na história que o paciente traz para o consultório. O profissional da saúde prestará atenção nos sinais e repetições dos atos ditos.

De acordo com o manual MSD, "o diagnóstico do transtorno obsessivo-compulsivo é clínico, baseado nas obsessões, compulsões, ou ambas. As obsessões ou compulsões devem ser demoradas (p. ex., 1h/dia) ou causar sofrimento ou comprometimento funcional importante".

Então, será que existe uma cura para o Transtorno Obsessivo Compulsivo? Bem, ao tratar sobre distúrbios psicológicos, é complicado dizer realmente existe uma cura, ou seja, que a pessoa nunca mais irá sofrer com aquilo.

Entretanto, não deve-se perder a esperança, afinal, mesmo não havendo uma cura, existe tratamento para o TOC. Nesse sentido, o procedimento será responsável por cuidar do paciente e reduzir os sintomas existente.

Então, como se livrar do TOC? Não é possível falar em cura, mas com um tratamento correto, a pessoa pode deixar de sentir todas as mazelas do problema. Então, não perca a esperança, pois há solução para esse caso.

O tratamento para TOC é fundamental para a remissão dos sintomas do distúrbio. Nesse sentido, a figura do psicólogo aparece para ajudar as pessoas que estão com esse problema.

Então, o indicado é que a pessoa procure um psicólogo para que o transtorno obsessivo-compulsivo não apresente complicações ou outras doenças psicológicas como a depressão, ataques de pânico, ansiedade, transtornos alimentares, tentativas de suicídio e tiques.

Dessa forma, o psicólogo analisará qual é o principal fator que causa o TOC. Além disso, o profissional será responsável por levantar técnicas e conversas sadias diante os traumas, agonias e medos passados.

Sendo assim, é importante que a pessoa com TOC crie uma lista com todos os sintomas, classificando quanto tempo eles apareceram. Apresentar um histórico médico incluindo doenças e medicamentos utilizados também é algo útil para o tratamento.

Então, o paciente será interrogado com perguntas sobre detalhes das ações, frequência, intensidade, os rituais mais comuns, entre outros pontos importantes para se estruturar melhor um tratamento.

Ainda, uma das possibilidades de como controlar o TOC é a terapia cognitivo-comportamental. Nesse sentido, é sempre válido pesquisar sobre a metodologia para embarcar num tratamento com mais informação.

Aliás, vale lembrar que o TOC é uma doença crônica e que não tem cura. Mesmo assim, os sintomas oscilam dependendo muito dos períodos ao longo da vida. Também, existe a possibilidade da pessoa não ter nenhum sintoma aparente durante boa parte da vida.

Sim, existem medicamentos para TOC, entretanto, eles não devem ser tomados sem a consulta prévia de um profissional da área. Caso seja necessário, o psicólogo irá indicar um médico psiquiatra para apontar as medicações pertinentes para ajudar na melhora do paciente.

Em relação ao tratamento com uso de remédios, os mais prescritos são os antidepressivos inibidores da serotonina. Porém, lembre-se a importância de falar com um médico antes de tomar qualquer medicamento.

Sabemos que as crianças podem desenvolver algumas manias, seja por brincadeiras, ou por um comportamento obsessivo. Em entrevista ao site do Dr. Dráuzio Varella, o Dr. Fernando Ramos Asbahr afirma que "80% dos casos de Transtorno Obsessivo Compulsivo diagnosticados em adultos se manifestaram antes dos 18 anos e 50%, antes dos 15 anos."

O que vai diferenciar o TOC de uma mania inocente é a frequência e a intensidade em que aparecem nas crianças. É preciso estar atento aos padrões de repetição que a criança demonstra e procurar um especialista para realizar um diagnóstico do quadro.

Um dos casos mais populares de Transtorno Obsessivo Compulsivo (TOC) no Brasil é o do cantor Roberto Carlos. Em entrevista ao <u>Fantástico</u>, o músico da velha guarda explicou:

"Não é bem assim! Não são só manias. É a questão do TOC, o Transtorno Obsessivo Compulsivo. Não se trata de se livrar dessa ou daquela mania, mas de tratar o problema como um todo. Determinadas coisas me angustiam hoje menos do que antes. Exemplo: o fato de você estar de preto não está me incomodando. Antes, eu poderia ficar um pouco incomodado."

Uma das obsessões mais conhecidas dele é o fato de nunca usar a cor marrom e repetir azul com frequência. Outra curiosidade do rei é que ele retirou alguns clássicos de seu repertório, como "<u>Negro Gato</u>", por também não ser muito chegado na cor preta.

Estresse

Estresse é exaustão física ou emocional geralmente causada em razão de algum sofrimento, doença, cansaço, pressão, trauma, sendo definido pela incapacidade de desenvolver suas funções ou trabalhos.

A origem da palavra estresse deriva do inglês *stress*, que possui o mesmo sentido.
O *stress* emocional tem várias etiologias, podendo se desenvolver devido à necessidade da pessoa de lidar com fatores externos ao organismo, que são capazes de criar tensões patológicas.

Pode também se desenvolver frente a condições internas capazes de atuar como geradoras de estados tensionais significativos. As fontes internas incluem a <u>Ansiedade</u>, o pessimismo, os pensamentos disfuncionais, o padrão de comportamentos de pressa, a competição, a falta de assertividade, entre outros, capazes de gerar um estado de tensão com consequências físicas e psicológicas (Lazarus, 1995).

O estresse vem sendo associado a percepções de desconforto. Essas sensações desagradáveis são cada vez mais percebidas pelas pessoas em geral, aumentando o número de indivíduos acometidos pela sintomática (Lipp et al., 1986). Para Lipp et al. (1984), problemas com o sono e ~~cansaço mental~~ também aparecem, podendo ser tanto insônia como sono excessivo; assim como grande é a probabilidade de sono agitado.

Na área social, pode ocorrer o ~~isolamento~~, e a consequente falta de amigos pode levar ao comprometimento do desempenho em função da grande resistência a mudanças. A criatividade fica prejudicada podendo ocorrer um empobrecimento de valores, principalmente se a pessoa assume uma forte tendência a buscar ou a se manter no poder.

A vulnerabilidade ao estresse não se limita apenas ao comprometimento à saúde; pois, mesmo sabendo que o estresse pode gerar diversos problemas relacionados à saúde gerando prejuízo junto à qualidade de vida o que tem, como consequência, a diminuição da produtividade (Abreu et al., 2002).

Será que podemos conectar estresse com qualidade de vida? **Sim!!!**

Um afeta o outro diretamente, afetando toda a rotina, seu comportamento, suas emoções e seus pensamentos, e tome cuidado para que tudo isso não vire uma bola de neve. Quando isso acontecer está na hora de buscar ajuda profissional.

Identificar as causas do stress é uma importante forma de nos prepararmos melhor para combater seu impacto. Então, o que contribui para meu estresse? De que maneira posso avaliar que meus pensamentos com relação a situação possam ser verdadeiros? Como o mundo está ao meu redor no momento?

Será que podemos pensar em algo negativo e positivo ou em situações que nos levam a pensar de forma exaustiva poderia ser a origem, bom o importante é ficar atendo, porém, corpo e mente dão sinais de que algo não está bem e tudo parece não funcionar, e o desgaste só aumenta causando impactos como a desmotivação, perda de desempenho, dificuldades interpessoais e outros.
Será que você consegue perceber no seu dia qual seria a causa do estresse pensando em fatores externos ou internos?

Alguns exemplos:

Causas externas: problemas familiares, problemas financeiros, problemas no trabalho, etc.

Causas internas: preocupação constante, pensamento rígido, comportamentos ansiosos, etc.
O que fazer então? Identificar alguns fatores poderia ser o primeiro passo:

Emocionais: fatores internos relacionado ao medo e ansiedade podem alterar nosso pensamento.
Familiares: relacionamento entre filhos, cônjuge, pais, financeiro podem afetar nosso pensamento.
Sociais: interação com amigos, encontros, festas, etc., podem alterar nosso pensamento.
Físicos: condições físicas sobrecarregam nosso organismo, o sono, alimentação podem alterar nosso comportamento.

Ambientais: trânsito, poluição, espaço, podem alterar comportamento e pensamento.
Como meus pensamentos podem criar o *stress*/estresse ou como algumas experiências antigas podem contribuir para nossos dias atuais e qual realidade estou pensando? Algumas perguntas nem sempre precisam ter respostas e pensar em evitar ou achar que não é nada podem causar graves problemas à sua saúde.

Podemos pensar que o estresse não surge apenas por situações desagradáveis, alguns eventos positivos podem contribuir de uma forma significativa para o estresse, como por exemplo um casamento marcado, uma nova posição profissional, mudanças, etc.

Alguns gatilhos podem nos levar a reposta de estresse acionando nosso organismo, sinalizando perigo constante e determinados estressores podem contribuir por não saber o

problema e como entender todo esse processo perante o obstáculo ou frustração.
Os níveis de estresses podem variar de pessoa para pessoa algumas podem desmoronar outras prosperar sobre suas emoções, de forma aguda ou crônica. O estresse apresenta sua evolução em fases como o alerta, a resistência e exaustão.

A habilidade de tolerar depende de fatores relacionados a condições dos seus relacionamentos e sua visão geral sobre sua vida. É importante saber reconhecer quando estou fora de controle e excedendo os recursos disponíveis físicos e psicológicos.

O sintoma é a forma como o organismo informa alteração. Nosso organismo entra em estado de alerta indicando fatores internos e externos e como meus pensamentos podem influenciar meus comportamentos.

Nossos pensamentos controlam as emoções e a interpretação podem aumentar os estímulos de estresse. Tudo poderá agrava com o decorrer do tempo desencadeando graves consequências para nossa saúde ameaçando nossa qualidade de vida.

Deste modo, o cérebro ao processar e a interpretar toda a informação poderá em certas situações, aumentar o ritmo cardíaco, provocar respostas como o aumento da tensão muscular, elevando ao estado de concentração.

Um ato inconsciente, quando há uma reação fisiológica. As reações do sistema fisiológico são tão intensas que temos plena consciência de que o nosso corpo está reagindo ao que vai acontecer à nossa volta ou ao que pensamos e interpretamos do mundo ao nosso redor, ao nosso estilo de vida, da experiência passada, da nossa inteligência emocional, da saúde mental, etc.

O emocional é um dos maiores problemas mentais, nosso organismo remaneja fontes de energia, precipitando uma agressão iminente. Esse mecanismo seria vantajoso se realmente houvesse o perigo iminente. Alguns sintomas que podemos perceber são:

Cansaço,
Perda de memoria,
Falta de concentração,
Desanimo,
Ansiedade,
Preocupação excessiva,
Alteração de humor,
Irritabilidade,
Sentimento de estar sobrecarregado
Etc.

O estresse físico está ligado ao aumento de cortisol na corrente sanguínea que afeta a mente e corpo. Alguns sintomas:
Sensação de cansaço,
Dores musculares,
Dor na barriga,
Dor no peito,
Alteração no apetite,
Queda de cabelo,
Etc.

Tratamento

Cada pessoa possui um mecanismo próprio para lidar com o estresse. Então, não existe um padrão que serve para todas as pessoas, a batalha contra o estresse no atual momento poderia ser considerada um grande desafio para muitos, focar em pontos estressores, gatinhos e mudar a forma de enfrentá-lós pode ser um dos caminhos.

Algumas mudanças nos hábitos podem fazer toda a diferença para combater o estresse, por exemplo: a ansiedade, administrar melhor o tempo, descansar, além de uma boa alimentação. Caso não consiga mudar ou entender tudo que se passa com você, procure ajuda.

FAÇA TERAPIA. !!!!!

Referências:
https://www.dicio.com.br/estresse. acesso 10/10
Abreu, K. L. [et al.] (2002). Estresse ocupacional e Síndrome de Burnout no exercício profissional da psicologia. *Psicologia Ciência e Profissão.*
Lazarus, R. S. (1995). Psychological stress in the workplace. In R. Crandall & P. L. Perrewé (Orgs.), *Occupational stress: A handbook* (pp. 3-14). Washington, USA: Taylor & Francis.

Lipp, M.E. N. (1984). Stress e suas implicações. *Estudos de Psicologia*, (3), 5-19
Lipp, M. E. N., Romano, A. S. P. F., Covolan, M. A. & Nery, M. I. (1986). *Como enfrentar o stress*. São Paulo: Ícone.

Analisando cinema
Um dia de fúria (Somatização)

Na história cinematográfica dirigida por Joel Schumacher, tendo como protagonista o ator Michael Dougras, onde interpretou o personagem William Foster, rodado na cidade de Los Angeles, California em 1993, um ano pós distúrbios ocorridos na mesma cidade um ano antes, quando em 29 de Abril de 1992, um júri absolveu oficiais do Departamento de Policia da cidade de Los Angeles, três brancos e um hispânico, acusados de agressão contra um motorista negro, Rodney King, que veio a óbito durante uma perseguição policial em alta velocidade. A agressão dos policiais foi filmada. Milhares de pessoas na área de Los Angeles se revoltaram ao longo dos seis dias após o veredito provocando um conflito racial.

Corpo de Fuzileiros Navais e a Guarda Nacional da Califórnia foram chamados para patrulhar as ruas, e, no sexto dia após o início, os tumultos finalmente cessaram.

Após o final dos protestos, uma profunda reforma na polícia de Los Angeles foi realizada, o que incluiu a demissão do chefe de polícia, e os policiais envolvidos foram novamente julgados.

Muito bem, o que isso tem a ver com a história do filme em questão?

Na história cinematográfica, William Foster (Michael Douglas) sai para ver a ex-esposa (que o quer distante) e a filha, mas pelo caminho ele viverá momentos tensos e inusitados que colocarão à prova sua instabilidade emocional. Demonstrando uma personalidade conflitante, Foster provoca uma série de situações extremas e violentas. Em seu encalço está um velho policial (Robert Duvall) às vésperas da aposentadoria.

Em "Um Dia de Fúria", o inconformismo toma conta do personagem principal já na primeira cena, quando, em seu carro, ele fica preso em um enorme engarrafamento. Não demora muito e ele resolve abandonar o veículo e ir andando. Começa então uma jornada apreensiva de um homem indiferente a tudo à sua volta. A sensação de claustrofobia ganha contornos sociais e se expande a um intenso confronto, quando Foster se mostra um homem temperamental (ainda que metódico), se armando de um taco de beisebol e posteriormente de armas pesadas adquiridas após uma retaliação contra ele mesmo em um bairro latino. O que temos aqui é uma situação fora de controle. Um homem decidido a seguir suas próprias regras preestabelecidas. Porém, Foster não sai por aí declinando dos valores morais, ele apenas não se importa com o que você se importa. Ao ser alvo de bandidos vingativos, ele sai ileso, mas não demonstra qualquer compaixão pelos feridos e mortos que ficam pelo caminho. Ao entrar em uma lanchonete e ter seu pedido de café da amanhã negado por conta do horário, Foster se recusa a seguir as normas do ambiente, que lhe sugere servir um almoço. O que se segue são momentos de tensão, com Foster empunhando uma arma, discursando sobre a má qualidade dos produtos servidos. Nem um simpatizante nazista, dono de uma loja de variedades, consegue ameaçá-lo sem se dar mal.

O final é convencional nesse tipo de trama; não foge da impressão que houve uma intervenção para que o 'vilão' da história não saísse ileso, mas que fosse punido por suas ações. Mas a situação que criam para isto acontecer é de certa forma convincente.

"Um Dia de Fúria" é com certeza um dos filmes mais polêmicos e ousados dos anos 90."

Fonte: https://cinemacao.com/2016/11/05/um-dia-de-furia/

Vamos analisar o comportamento de William Foster no filme "Um dia de fúria" ? Bora lá,...

O personagem em questão, já com todas as responsabilidades no trabalho, muitos afazeres, prazos vencendo, cobrança de seus superiores, brincadeiras fora de hora de colegas, tudo o que normalmente acontece em um ambiente de muito trabalho e exige concentração, cria uma determinada quantidade de estresse, porém não é possível gritar, xingar ou simplesmente sair porta a fora e ir pra casa. Pois há contas a pagar, aluguel, água, luz, combustível do carro, etc. Não seria uma boa ideia deixar o emprego, por isso o personagem engole seco, aguenta não deixando transpassar que está sob pressão e isso o deixa tenso, extremamente tenso, mas é mais um dia de trabalho.

Somatizou,... " Desejo de sair correndo e gritar "

Em seguida se estressa mais um pouco ao telefone com a ex esposa que o quer distante dela e da filha, porém ele é pai, ama a filha e talvez buscasse nesse encontro um certo alívio para seu estresse, se esqueceria um pouco da vida agitada e decide ir mesmo assim, confrontando a decisão da sua ex esposa.

Somatizou, Desejo de enfrentar a decisão da ex e ver a filha.

Logo, o trânsito não colabora, o engarrafamento, a pressa, a possibilidade de não chegar em seu destino de um suposto alivio o irrita mais ainda, pois o transito não anda.

Somatizou, agora enfurecido, resolve ir caminhando a passos largos e tenta descarregar a tensão nas pisadas longas e firmes.

Se depara com atos conflitantes de terceiros, é humilhado, provocado, mas na intensão de não ferir ninguém e não ser ferido, pois há um objetivo: ver a filha. Segue seu caminho e agora vem mais um sentimento: Medo

Somatizou o risco, medo, é preciso se proteger, decide tomar um café, não tem, explosão? A voltade é grande, seu peito dói, suas mãos tremem, suas veias saltam.

Somatizou todos os sentimentos acima, a sensação de que vai explodir é notória, agora há uma bomba relógio com os segundos do relógio diminuindo cada vez mais e derrepente,...

A Explosão de tudo que somatizou, pois guardou absolutamente tudo e não houve nenhuma válvula de escape.

Praticamente durante todo o seu dia ele pensava: Se eu pudesse eu matava meu chefe, durante todas as somatizações, Foster guardou em si as humilhações, repressões, negativações e nesse momento de tensão máxima lhe toma conta o desejo guardado no "pré consciente."

O desejo no "pré consciente toda de assalto a mente de Foster que já não se encontra mais em condiçãoes racionais e seu desejo de matar vem a tona, sai de seu pré consciente e lhe toma a consciência.

Ele, Foster, personagem do filme: " Um dia de Fúria" de 1993, história que se passa na cidade de Los Angeles – Califórnia, entra em surto psicótico, nada mais é racional, nada mais importa, ou ele descarrega as armas no desejo antes contido em "matar" ou ele, Foster, comete suicídio, terminando assim seu sofrimento com tudo aquilo que passou, somatizou e passa até o momento em que inicia e cede espaço a sua fúria incontrolável.

Teria sido algo parecido o que houve na cidade de Los Angeles no estado da Califórnia com a equipe de policiais e gerou revolta na população local após a absolvição da equipe durante a perseguição?

Teria sido o caso da equipe de policia e a morte do motorista negro, Rodney King, também casos de somatização?

A solução para evitar a somatização e um dia de fúria, ou um infarto do mio-cardio seria o desabafar, não seria necessário exatamente dizer os problemas somatizados, mas seria importante, por isso, exercício físico, cantar, correr, atividades físicas em geral e ter com quem conversar é a válvula de escape, descarregando assim a energia negativa somatizada, vindo a relaxar e evitar males físicos, neurológicos e emocionais.

Conselho: Não somatize, faça análise !

Setembro amarelo, prevenção ao suicídio.

Por: Domingos C. Doné
16 de setembro de 2023

" ...ao leitor, copiar textos e dizer que são de autoria do autor, é plágio, é crime, porém estudar ou até mesmo copiar textos já prontos de vários autores e manter a fonte, ou seja, de onde vieram as informações e o o nome do autor, o que na grande maioria é notório que o haja, é pesquisa..."

"...Estudar, aprender, saber, ensinar são atos eternos..."

Disposições finais

Há uma infinidade de temas patológicos e psíquicos onde não caberia nessa obra tamanho são seus conteúdos. A psicanálise despertou em mim o desejo de estar aprendendo sempre. Cada ponto dessas escritas, abro lacunas, pois acredito que ao contar ou tentar explicar cada ponto em sua excelência, não despertaria o interesse por saber mais e mais.

Afinal, nossa existência se faz em um eterno aprender.

Muito obrigado aos que me insentivaram, mas deixo um muito obrigado especial aos que tentaram me fazer desistir, pois a negatividade desses me impulsionou mais para frente. Espero que tenham absorvido o que foi tentado passar aqui.

Muito obrigado aos colegas, professores e aos negativistas.

Domingos Clemente Doné